新潟県山岳協会 監修

新潟の山歩き [illegible]選

ゆっくり登って3時間

新潟日報事業社

はじめに

　新潟県は、山形県、福島県、群馬県、長野県、そして富山県の5県と県境を接し、その長さは約650㎞あり、日本の脊梁をなす山を有しております。さらに、佐渡島を含め登山の対象となる県内の山は数知れず、春の花、夏のピークハント、秋の紅葉、冬景色、岩や沢登りなど、老若男女、ファミリーとそれぞれの目的に合った山は枚挙できないほど存在します。

　これまで新潟県山岳協会監修で『新潟花の山旅』『新にいがた花の山旅』『新潟日帰りファミリー登山』『新潟100名山』を発行してきましたが、このたび『ゆっくり登って3時間　新潟の山歩き50選』発行を企画しました。

　登山は低い山でもコースタイムが短くても危険と隣り合わせです。今回紹介した登山コース以外にもいろいろなコースがありますが、自分の目的と体力・技術にあったコースで、事故のない山歩きを楽しんでいただければと思います。

新潟県山岳協会会長　森　庄一

目次

中越の山々

上越の山々

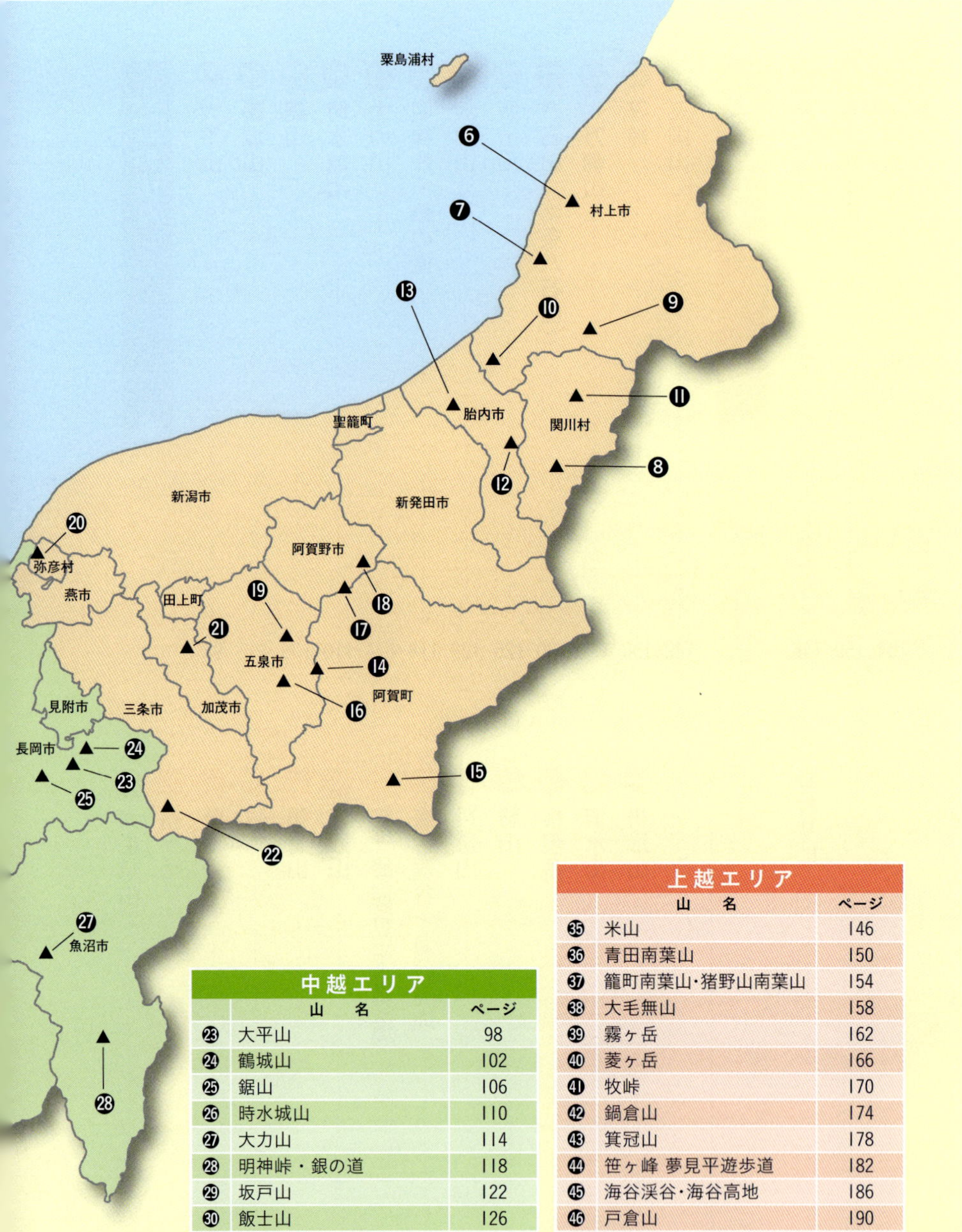

中越エリア

	山　名	ページ
㉓	大平山	98
㉔	鶴城山	102
㉕	鋸山	106
㉖	時水城山	110
㉗	大力山	114
㉘	明神峠・銀の道	118
㉙	坂戸山	122
㉚	飯士山	126
㉛	八石山（南条八石山）	130
㉜	六万騎山	134
㉝	蓬峠	138
㉞	三国山	142

上越エリア

	山　名	ページ
㉟	米山	146
㊱	青田南葉山	150
㊲	籠町南葉山・猪野山南葉山	154
㊳	大毛無山	158
㊴	霧ヶ岳	162
㊵	菱ヶ岳	166
㊶	牧峠	170
㊷	鍋倉山	174
㊸	箕冠山	178
㊹	笹ヶ峰 夢見平遊歩道	182
㊺	海谷渓谷・海谷高地	186
㊻	戸倉山	190
㊼	勝山	194
㊽	権現岳	198
㊾	清水山	202
㊿	枡形山	206

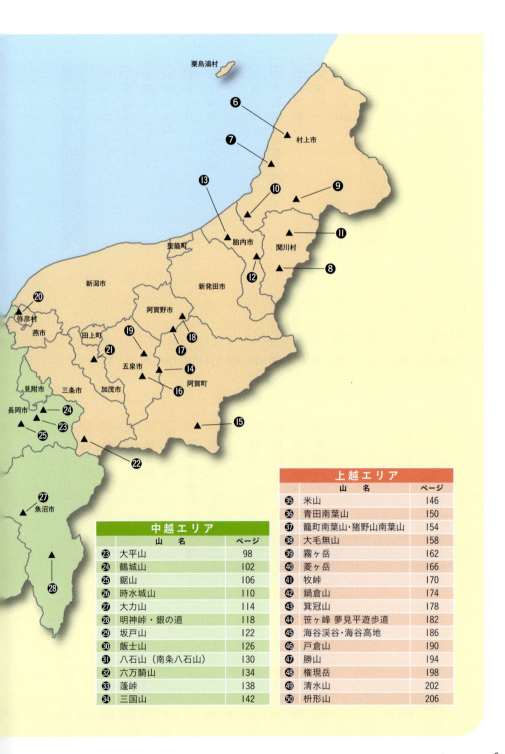

佐渡エリア

下越エリア

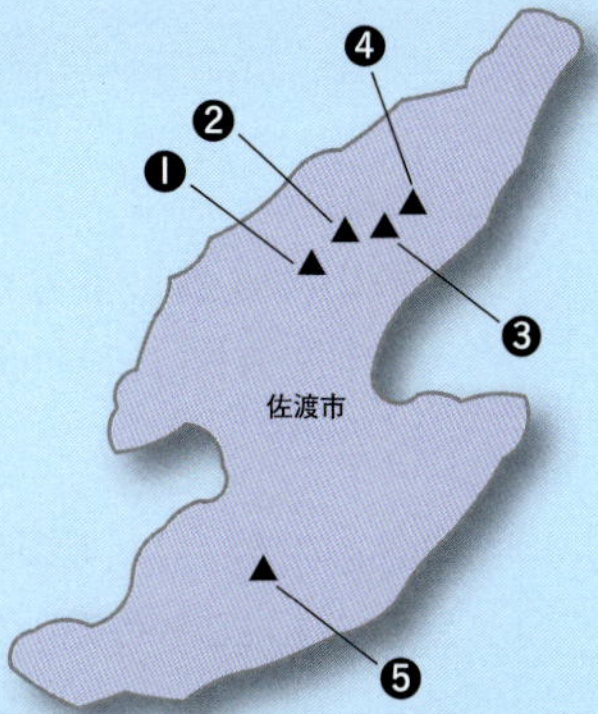

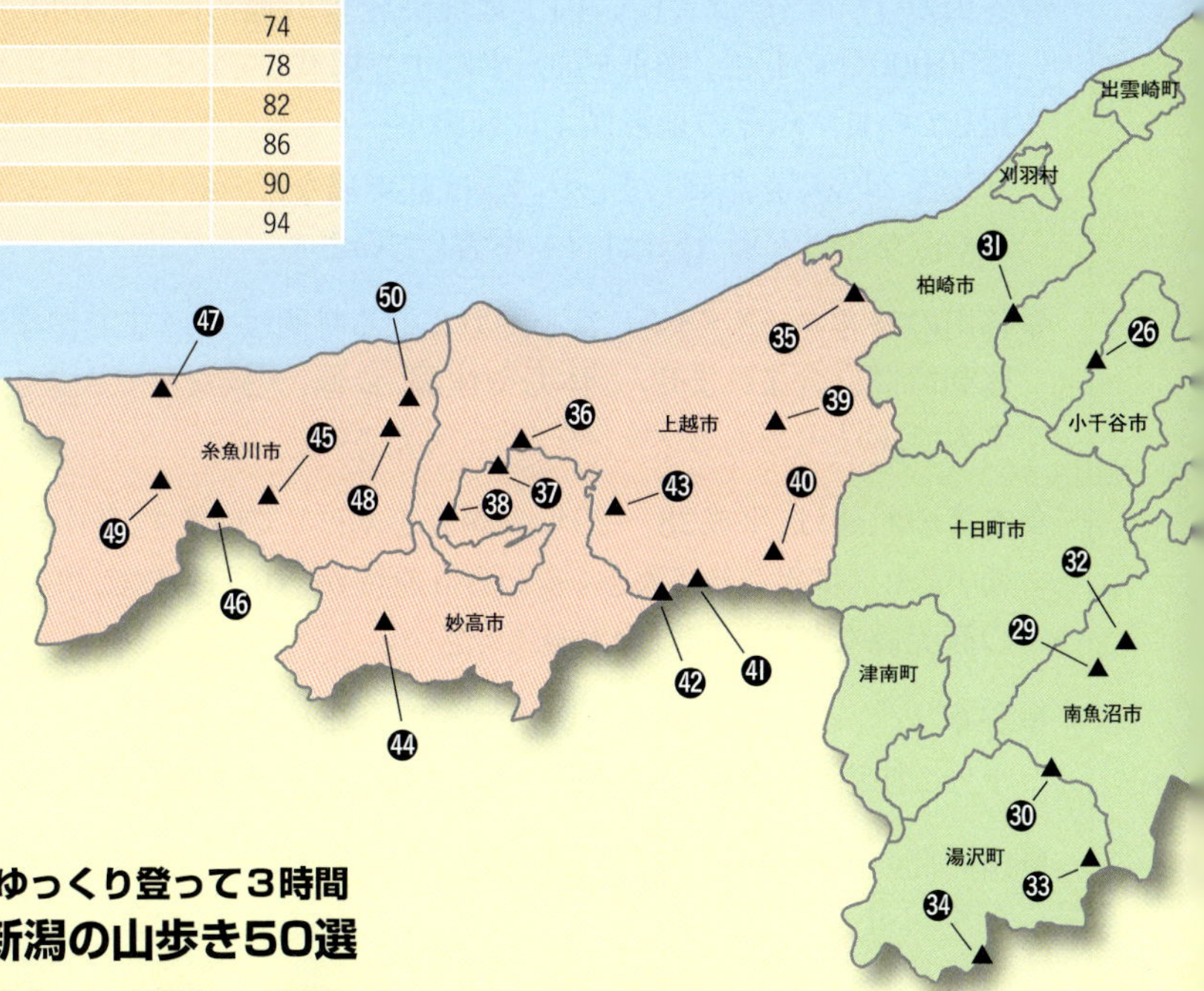

ゆっくり登って3時間
新潟の山歩き50選

位　置　図

本書の使い方

◆各山には通し番号が付いています。この番号は、6・7ページに掲載している「位置図」に対応しています。各山のおおよその位置は、この図でご確認ください。

◆各山の標高は、原則として国土地理院発行の地形図（25,000分の1、50,000分の1）に準じています。

◆登山メモ欄の「難易度」は、無雪期のものです。よく整備され、初心者でもOKというコースは★1つ。ガレ場や鎖場などの危険箇所が多く、全体的に急峻《きゅうしゅん》な印象を与えるコースは★3つで表されています。また、山頂までの登り時間が3時間を超える健脚者向きのコースは★4つとしました。

◆各山のコースマップとして、国土地理院発行の地形図（25,000分の1もしくは50,000分の1）を、修正を加えず原寸で掲載しています（使用地形図も明記しています）。その地形図上に登山ルート（赤の破線＝登山道、赤の実線＝林道・車道）を記載しました。Pは駐車場などの駐車スペース、は湧き水や沢などの水場、はトイレを表しています。

◆各山の参考コースタイムに記載されている時間は、あくまで標準タイムです。休憩時間は含まれません。体力や体調、装備、天候などで大きく左右されますので、ゆとりのあるプランを立ててください。

◆本書の記述は、平成28～29年の調査を基にしています。登山道の状況や交通アクセスは年ごとに大きく変わる可能性がありますので、事前に各市町村の観光課などにお問い合わせください。

◆駐車スペースがなく路肩に駐車する場合など、通行の妨げにならないよう十分ご注意ください。また近年、車上荒らしが増えています。ご注意ください。

◆山間部の天候は短時間で大きく変化します。天気予報や情報に注意してください。また、自然保護や環境保全にも気を付けてください。

安全・公徳登山を心掛け、素晴らしい山旅を

国仲平野から見た金北山

【佐渡市】 きんぽくさん

金北山

佐渡の山々

I

佐渡山岳会
磯部浩伸

登山MEMO

標高

1,172.1m

登山口から山頂まで	3時間	難易度	★★★★	適期	4月下旬～10月下旬
交通	最寄りのバス停（運動公園前）から栗ヶ沢登山口まで約7kmあるため、マイカーもしくはタクシーを利用。				
マイカー	登山口に5台ほど駐車可能。				
水場	縦池清水、祓川				
トイレ	山頂に有料（100円）の仮設トイレあり。				
最寄りのコンビニ	登山口付近にコンビニはない。両津港から国道350号を道なりに進み、秋津東信号機手前にコンビニがある。				
アドバイス	登山口に登山届ポストはない。登山届は「佐渡トレッキング協議会」のHPからダウンロードし、佐渡観光協会両津港案内所などで投函できる。				
問い合わせ	佐渡観光協会　☎0259-27-5000　佐渡トレッキング協議会　☎0259-23-4472				

1 金北山【佐渡市】★★★★

金北山は佐渡島の最高峰で、国仲《くになか》平野のどこからも見上げることができる。

山頂には金北山大権現が祭られており、金剛山《こんごうさん》、檀特山《だんとくさん》とともに大佐渡の三霊山に数えられ、かつては修験道の山伏の先導で三山駈けが行われていた。

別名は御山で、「御山の神は白雲の中で白い馬にまたがり、手に純白の儺木《なぎ》（シャクナゲ）を持つ」と言い伝えられる。昔は、島内の男児は7歳になると父に連れられて御山参りをし、シャクナゲの枝を持ち帰って神棚に供え、赤飯を炊いて近隣親戚に配り祝ったという。

コースガイド

金北山に至る道は麓《ふもと》の諸集落から何本もつくられている。今回紹介する栗ヶ沢登山道は、本来は新保地区から長い尾根をたどって登る道であったが、麓部分は林道によって寸断されてしまい踏み跡をたどることは難しい。しかし、林道終点まで車で入れれば登山口としては（防衛道路以外では）最も標高が高く、よく整備されて危険箇所もないので登りやすい。

オオミスミソウ（雪割草）、カタクリ、シラネアオイなど春の山野草の花が豊富で、秋にはブナ林の黄葉も美しい。ただし、残雪期は上部のルートファインディングが難しく、山頂を目指すのであればガイドの同行が望ましい。

登山口までのアクセスは、国道のバス停（運動公園前）から約7kmあり、徒歩は現実的ではない。車を利用したい。国道から約3・5kmで新保川に架かる橋の手前を右折し林道に入る。一車線の砂利道が3・5kmほど続くが、普通車の通行には問題ない。林道の終点が**登山口**❶になっており、5台ほど駐車できる。

しばらくはほとんど起伏のないなだらかな道が続く。やがて下りになり、小沢に沿って左岸を進むと**縦池清水**❷に着く。姫ヶ沢からの道との合流点である。

縦池清水の先で小さな沢を越え

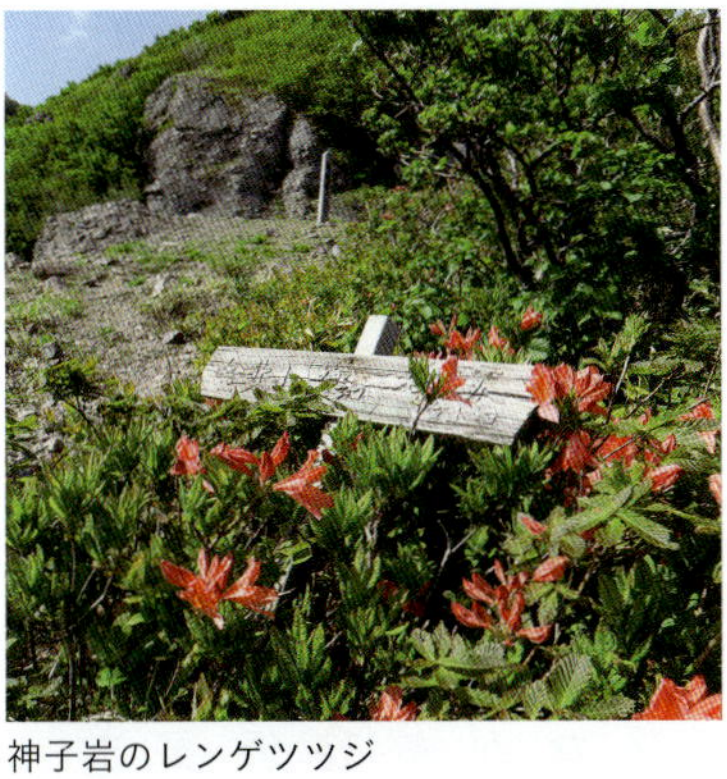

神子岩のレンゲツツジ

登山道脇のシラネアオイ

登山道脇の古い三角点

ると、そこからは登りになる。やがて横山からの道とも合流（**横山分岐③**）し、さらに登ると**じゅんさい池④**に着く。かつて農業用水のために作られた池だが、今では遷移《せんい》が進み、ほとんど水面は見えない。ジュンサイは既になく、ザゼンソウやミツガシワなどの湿地植物に埋め尽くされている。

さらに進むと祓《はらい》川。このルートでは最後の水場で、金北山が女人禁制だったころ、女性が登れるのはここまでであった。

沢を離れて尾根に上がると広いブナ林になる。ここは、雪消え直後は一面カタクリのお花畑になる。ブナ林を抜けると突然展望が開け、**神子岩⑤**に着く。気持ちの良い休憩適地である。

ここからしだいに登りがきつくなるが、展望もあり山野草も豊富なので頑張れるだろう。ひと登りで**天狗岩⑥**。向かいの崖に小さな岩塔が見える。昔は天狗の鼻のような大きなものがあったそうだが崩落して今はない。

その先の笹やぶを抜けるとさらに急登になる。この付近は遅くまで雪が残り、早春には注意が必要である。土がえぐれた溝状の急坂を抜けると**大佐渡縦走路に合流⑦**する。ここから山頂はひと息である。**山頂⑧**には自衛隊の建造物が残り、360度の展望とはいかないが、天気が良ければ北アルプスから東北の山まで、見渡すことができる。三角点は社殿の横の石造物の隙間にある。

社殿を挟むようにレーダーの台座が残る山頂を間近に見上げる。

金北山

1:25,000 金北山（平成29年3月1日発行）・両津（平成29年2月1日発行）・相川（平成18年6月1日発行）

500m　0　500　1,000　1,500

参考タイム

①栗ヶ沢登山口
▼25分
②縦池清水
▼20分
③横山分岐
▼15分
④じゅんさい池
▼40分
⑤神子岩
▼30分
⑥天狗岩
▼40分
⑦縦走路合流点
▼10分
⑧金北山山頂

下山は往路を戻って登山口まで約2時間30分

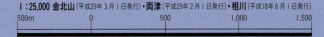

石花越から見た秋のマトネ

【佐渡市】

マトネ

佐渡の山々 2

佐渡山岳会
磯部浩伸

登山MEMO

標高 937.5m

登山口から山頂まで	２時間20分	難易度	★★☆☆	適期	４月下旬～10月下旬

交通	両津港から青粘登山口までは約９km。春季のみ「両津港～青粘登山口～ドンデン山荘」のシャトルバスが運行する。
マイカー	青粘登山口バス停周辺に10台ほど駐車可能。登山口付近は駐車厳禁。
水場	コース中に水場はない。
トイレ	青粘登山口にあり。
最寄りのコンビニ	佐渡縦貫線（県道81号線）入り口付近にコンビニはない。両津港から国道350号を道なりに進み、秋津東信号機手前にコンビニがある。もしくは両津港から県道65号線を真野方向に行ったコンビニを利用。
アドバイス	青粘登山口とドンデン山荘に登山届投函箱がある。
問い合わせ	佐渡観光協会　☎0259-27-5000　佐渡トレッキング協議会　☎0259-23-4472

２ マトネ【佐渡市】★★☆☆

片仮名で「マトネ」とは珍しい山名だ。由来については「分水嶺のことを刀根（トネ）と呼ぶ」あるいは「股尾根のこと」などといわれており定かでない。ドンデン山から金北山《きんぽくさん》まで行く登山者にとっては、縦走中に通過する1ピークに過ぎないだろう。しかし、青粘《あおねば》峠から樹林帯の中を登り、最初に視界が開ける気持ちの良いピークで、登山の目的地とする価値は十分にある。春の山野草も秋の紅葉も素晴らしい。

コースガイド

ドンデン山から金北山に向かう稜線を目でたどると、まず屋根の形のような台形の山（シャレ杉の峰）があり、次にもっと大きな台形の山がある。この台形の右側の肩がマトネのピークである。台形の中央には燭台禿《しょくだいはげ》と呼ばれる逆三角形のザレ場が目立つが、近年は遷移《せんい》が進んで丸い形になりつつある。

マトネの登山口「**青粘登山口❶**」は両津港から約９㎞の距離にある。登山シーズンには港から青粘登山口経由でドンデン山荘までシャトルバスが運行されているので利用したい。バス停周辺には約10台分の駐車スペースもある。登山口はバス停から１００ｍほど先にあり、その周辺は駐車禁止である。ドンデン山が「花の百名山」に選定されているため、春には登山者で大変混雑し、貸切バスの切り返し場所にもなるので、駐車禁止は守っていただきたい。

登り始めてすぐの所に梅津発電所の取水ダムがある。その手前で右側の斜面に進む道に入り、樹林の中を登る。春には豊かな山野草が出迎えてくれる。やがて道は梅津川沿いになり、流れに近づいたり離れたりしながら左岸を進む。

回り込んで枯れ沢を横切る所が**落合❷**。間違って枯れ沢を登らないように注意したい。さらに**ユブ❸**を過ぎ、小沢を渡るとその先

右からドンデン山、シャレ杉の峰、マトネ

は急登になる。峠までもうひと息なので、ニリンソウやシラネアオイの花を楽しみながら頑張ろう。**青粘峠（青粘十字路）**❹に着いたらゆっくり休みたい。昔、荷を背負ってここを行き交った人々もひと休みして、おやつにハマナスの実を食べたそうである。山奥の峠にハマナスが生えているのはその種が元になったといわれる。

右へ進めばドンデン山だが、マトネに向けて左へ進む。シャレ杉の峰は稜線を通らず南斜面を巻いて行く。残雪期には迷いやすい所である。鞍部の湿地を過ぎればあとはマトネのピークを目指して登るだけだ。赤土の道は滑りやすいので注意したい。

しっかり汗をかいたころ、**マトネ頂上の芝地**❺に飛び出し、前方に金北山が大きく見える。三角点は標柱の後ろの笹やぶにある。登山道を少し進めば燭台禿の上に出て、国仲《くになか》平野を見下ろすことができる。縦走すれば白雲台まで約4時間半、引き返せば青粘登山口もドンデン山荘も約1時間半である。

登山道脇のカタクリ

青粘十字路

尻立山から見たマトネ（中央やや右の台形）

マトネ

1：25,000 両津北部　（平成29年2月1日発行）

500m　0　500　1,000　1,500

参考タイム

①青粘登山口
▼40分
②落合
▼20分
③ユブ
▼30分
④青粘十字路
▼50分
⑤マトネ山頂

下山は往路を戻って約1時間30分

尻立山から見た三の段。右奥は金剛山

【佐渡市】

ドンデン高原(タダラ峰)

佐渡山岳会
磯部浩伸

佐渡の山々
3

登山MEMO

最高標高
尻立山
940m

登山口から山頂まで	3時間	難易度	★★★☆	適期	4月下旬～10月下旬
交通	最寄のバス停(椿バス停)から椿登山口まで約3km、徒歩1時間ほど。マイカーもしくはタクシーを利用したい。				
マイカー	登山口に駐車スペース(5台ほど)あり。				
水場	コース中に水場はない。				
トイレ	コース中にトイレはない。				
最寄りのコンビニ	両津港から椿集落まで佐渡一周線(県道45号線)沿いにコンビニはない。国道350号秋津東信号機手前のコンビニ、もしくは両津港から県道65号線を真野方向に行ったコンビニを利用。				
アドバイス	登山口に登山届ポストはない。登山届は「佐渡トレッキング協議会」のHPからダウンロードし、佐渡観光協会両津港案内所などで投函できる。				
問い合わせ	佐渡観光協会 ☎0259-27-5000 佐渡トレッキング協議会 ☎0259-23-4472				

③ ドンデン高原（タダラ峰）【佐渡市】★★★☆

ドンデン山は両津市街から間近に見上げられるなだらかな山である。ドンデン山荘の下に広がる芝地が一の段、ドンデン山荘から尻《しり》立山《たてやま》までが二の段、さらに少し下ってドンデン池から先の芝地が三の段と呼ばれており、地形図では一の段の下部は大滝山、尻立山から先はタダラ峰と表記されている。

タダラは風を送る「踏鞴《たたら》」のことで、風が強い場所だからとも、昔鉱山があったからともいわれている。

コースガイド

ドンデン山をはじめ大佐渡山脈の稜線は、冬の季節風が強いため、樹木が生育しにくく所々に風衝草原が広がっている。以前はその草原を利用して、農繁期を過ぎて役割を終えた農耕牛の放牧を行っており、麓《ふもと》の各集落は牛を上げるための道を持っていた。

ここで紹介する椿集落からの道もその一つだ。もう牛が通ることがない現在でも地元の人たちによって毎年整備されており、春の花も秋の紅葉も美しく、気持ちよく歩ける道である。

稜線に出ると、北に向かって広大な三の段の草原が広がっている。以前より頭数は少なくなったが、夏場には草原の植生維持のために肉用牛が放牧されている。おとなしいが力は強いので、接近する際には注意をしていただきたい。

登山口❶は椿集落から約3km入った所にある。椿バス停から歩くと1時間ほどかかる。できれば自動車を利用したい。

登山道は地元の方の整備のおかげで歩きやすいが、登山者が少ないので道の中まで植物が生えている。春はニリンソウやミヤマキケマンなどをかき分けて歩かねばならない。少し先で聖滝《しょうたき》への分岐があるが、聖滝への道は荒廃しておりたどるのは難しい。その先の渡渉地点が「**舟落**❷」で、そこからやや急登になる。シラネアオイなどの山野草が豊富なので花を楽し

花に埋め尽くされた登山道

みながら頑張りたい。急登を終えた樹林の中の平坦地が「**たかのおい平**❸」である。

再び登りになり、尾根を越えて「**金山沢**❹」を渡る。100mほど沢沿いに登るが、夏草が茂る時期は踏み跡が分かりにくい。沢から離れて尾根に上がり、傾斜が緩んだところで直角に右の沢へ下りる。渡渉後、しばらく小沢に沿って登る。沢を離れてつづら折れの急登を終えると、見晴らしの良い岩場に飛び出る。振り返ると登山口の椿集落、両津湾、小佐渡の山並み、その先には本土の山々も見渡せる。展望を楽しみながらゆっくり休憩したい。

そこから先は草本や低木に覆われた「**かくま横道**❺」を通り、タダラ峰までひと息である。残雪期には雪渓の横断があるので注意深く通過したい。**タダラ峰**❻に出ればドンデン避難小屋もドンデン池も目の前である。三角点「ドンデン」は、北東に15分ほど歩いた丘の上にあり、「論天山」の標柱が立っている。

帰路は登路を引き返しても良いが、南側にひと登りすればタダラ峰最高峰の尻立山（940m）があり、その先にはドンデン山荘がある。登山シーズンにはバスが通っているので、利用して両津港まで行くことができる。

登山道脇のショウジョウバカマ

ドンデン池と避難小屋

タダラ峰稜線（椿越峠）から椿集落を振り返る

ドンデン高原
(タダラ峰)

1：25,000 両津北部　(平成29年2月1日発行)

500m　0　500　1,000　1,500

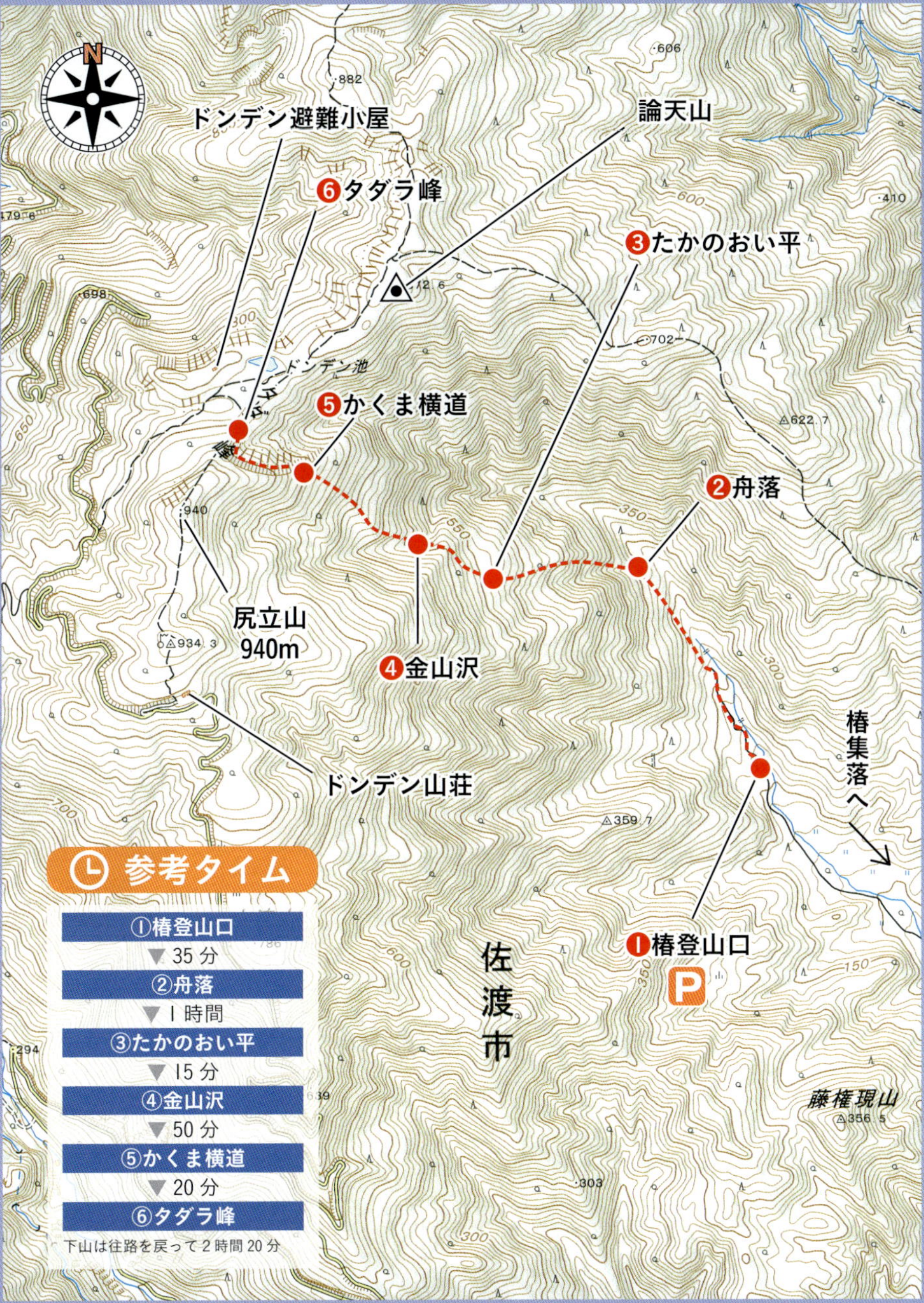

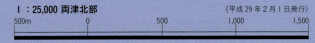

麓から見た金剛山（右）と雪畑山（左）

【佐渡市】 こんごうさん・ゆきはたやま

金剛山・雪畑山

佐渡山岳会
磯部浩伸

佐渡の山々
4

登山MEMO

標高

金剛山
962.2m
雪畑山
1,002.9m

登山口から山頂まで	2時間20分（登山口→金剛山→雪畑山）	難易度	★★☆☆	適期	5月下旬～11月上旬		
交通	両津港から登山口のある和木集落までは佐渡一周線（県道45号）で約12km。和木集落から登山口までは林道をさらに約10km。マイカーもしくはタクシーを利用したい。						
マイカー	登山口に駐車場（20台ほど）あり。						
水場	コース中に水場はない。						
トイレ	登山口に有料（100円）の簡易トイレあり。						
最寄りのコンビニ	両津港から和木集落まで佐渡一周線沿いにコンビニはない。国道350号秋津東信号機手前のコンビニ、もしくは両津港から県道65号線を真野方向に行ったコンビニを利用。						
アドバイス	和木登山口駐車場に登山届投函箱がある。						
問い合わせ	佐渡観光協会 ☎0259-27-5000 佐渡トレッキング協議会 ☎0259-23-4472						

4 金剛山・雪畑山【佐渡市】★★☆☆

両津港に入る船から大佐渡山脈を眺め、ドンデン山の右側に目を移すと、よく目立つ小さく尖った岩の頂上を持つ山がある。それが金剛山である。

山頂に薬師如来を収めた祠《ほこら》が立つ信仰の山で、かつて金北山《きんぽくさん》・檀特山《だんとくさん》とともに山伏修行の三山掛けが行われていた。

雪畑山はその北西隣に位置するあまり目立たないピークであるが、知る人ぞ知る金北山以北では唯一の1000m峰である。

縦走路から外れているため以前は訪れる登山者はほとんどなかったが、20年ほど前に登山道を整備して以降は知名度が上がり、縦走途中に山頂に立ち寄る人も多い。

コースガイド

麓《ふもと》の白瀬《しろせ》集落から金剛山に登る登山道があり、地元の人たちによってよく整備されているが、ここでは近年注目されている石名《いしな》天然杉の遊歩道からのコースを紹介する。大佐渡山脈の稜線は北西からの湿気を含んだ風が生む霧に覆われやすく、湿気を好む杉の生育に適している。天領として保護されていたこともあって、屋久島を思わせるような巨大な杉が点在しており、この遊歩道ではその片鱗を見ることができる。

ここから足を延ばして金剛山と雪畑山を目指す場合、登山口の標高が838mと高いので、割と手軽に両方の山頂に立つことができる。

登山口までの交通が不便ではあるが、自家用車かタクシー、レンタカーなどを利用していただきたい。

登山口❶は、両津湾側にある和《わ》木《き》集落から外海府側の石名集落へ抜ける一車線の林道を約10km入った峠にある。天然杉遊歩道の利用者のために駐車場が整備され、簡易トイレも設置されている。

登山口からしばらくは砂利を敷いた広い道を歩く。10分ほどで、ドンデン山までつながる**大佐渡縦走路の入り口**❷に着く。天然杉遊歩道の入り口はその少し先にあり、そちらから行くと20分ほど遠回りになるが、道は先で合流する。縦走路と遊歩道の合流点近くに展望台が作られており、和木集落側の

登山口駐車場。
簡易トイレの脇に登山届投函箱がある

海を見下ろすことができる。そこから先は遊歩道ほどの整備はされておらず、登山道らしくなる。

　少し登ると**和木山**❸の三角点があり、そこからは下り気味になだらかな道が続く。ザゼンソウが密生した湿地を過ぎ、さらに下ると**三差路（金剛分岐）**❹に出る。左は金剛山を経て白瀬集落へ下りる道。右は雪畑山を経てドンデン山までつながる縦走路である。

　金剛山に向かうと、最低鞍部まで約50m下り、そこから約100mの登りになる。急登だが途中から視界が開け、気持ちよく登れる。**金剛山の頂上**❺には赤い鳥居と鉄製の祠があり、大佐渡山脈、小佐渡山脈、本土の山並みまで、見晴らしは最高である。ゆっくり楽しんでいただきたいが、蟻塚があるので刺激しないように注意したい。

登山道脇のユキザサ

金剛山頂上。中央奥に雪畑山

　三差路まで戻り、そこから約20分で**雪畑山入り口**❻に着く。北西側に約10分樹林の中を進むと、**雪畑山の小さな山頂**❼に飛び出る。金剛山とは違った角度から、低木越しに周辺の山並みを見渡すことができる。

　下山は来た道を戻る。ドンデン山まで縦走するのであれば、雪畑山入り口からドンデン山荘まで約3時間である。

雪畑山から見た金剛山

雪畑山の三角点

金剛山・雪畑山

1：25,000 小田　（平成 27 年 6 月 1 日発行）

500m　0　500　1,000　1,500

参考タイム

①和木登山口	⑤金剛山山頂
▼ 10 分	▼ 20 分
②縦走路入り口	④金剛分岐
▼ 25 分	▼ 20 分
③和木山	⑥雪畑山入り口
▼ 25 分	▼ 10 分
④金剛分岐	⑦雪畑山山頂
▼ 30 分	

雪畑山から和木登山口までの下山は約 1 時間 30 分

国仲平野から見た経塚山

【佐渡市】 きょうづかさん

経塚山

佐渡の山々 5

佐渡山岳会
磯部浩伸

登山MEMO

標高
636.0m

登山口から山頂まで	1時間45分	難易度	★☆☆☆	適期	4月上旬～11月下旬
交通	両津港から登山口の猿八集落へは車で約50分。マイカーもしくはタクシーを利用したい。				
マイカー	登山口付近に駐車可能（2～3台）。通行の妨げにならないよう注意。				
水場	コース上に水場はない。				
トイレ	コース上にトイレはない。				
最寄りのコンビニ	登山口付近にコンビニはない。両津港から県道65号を真野方面へ向かい、途中、畑野町の佐渡総合高校先にコンビニあり。				
アドバイス	登山口に登山届投函箱はない。				
問い合わせ	佐渡観光協会　☎0259-27-5000				

5 経塚山【佐渡市】★☆☆☆

経塚山がある小佐渡山脈は、金北山《きんぽくさん》などの急峻《きゅうしゅん》な山が聳《そび》える大佐渡山脈と比べるとなだらかで標高も低い。

経塚山は大地山《おおじやま》（646m）に次ぐ小佐渡第2位の山で、一等三角点補点となっている。

山名の由来は順徳上皇崩御の際、生前読誦《どくしょう》していた経文が後世に残って汚されることを恐れ、この地で燃やしその灰を埋めたことによるという。

コースガイド

経塚山は、山頂近くを小佐渡林道が通っているため、自動車で手軽に山頂に立つことができる。しかし、国仲《くになか》と赤泊をつないでいた古道の一部（猿八《さるはち》から小佐渡林道までの区間）が地元の方の整備によってよく保存されており、ぜひ歩いて登っていただきたい。

登山口の猿八集落へは両津港から車で約50分。南線を進み、小倉川に架かる一宮《いちくう》橋の手前を左折して川茂《かわも》へ向かう。一宮橋から約5kmの分岐を右の猿八方向に進み、さらに約2kmで**登山口**❶に着く。南線の畑野西町バス停から登山口までは7km以上になり、歩くには遠い。

登山口に2〜3台の車は置けるが、農道の一部なので作業の邪魔にならないようにしたい。登山道は田畑の脇を通って杉林に入り、なだらかに登っていく。早春であればエンレイソウやオウレン、オオミスミソウなどが出迎えてくれる。落葉樹林に入ると少し急なつづら折れになるが、豊富な花が目を楽しませてくれ、疲れを感じさせない。

476mピークを巻く部分からしばらくは平坦になる。尾根の反対側には竹田川が流れ、川音が聞こえる。

尾根が狭まった部分に分岐があり、右の道は竹田川へ降りて行く。ここが林道までのほぼ**中間点**❷になる。ここからまた登りが始まるので、休憩して元気を回復させたい。

急な登りはわずかで、道はまた平坦になる。広くなだらかな道で、

登山道脇のオオミスミソウ

快適に歩ける。やがて右前方に、細長く国仲側に突き出た経塚山が樹林の間から見えてくる。最後になだらかな登りを終えると、**小佐渡林道に出る**❸。

林道を右手へ200ｍほど進むと分岐があり、右側へ上がると**山頂南側の芝地**❹に出る。ここには阿弥陀三尊が納められた石祠があり、歴史を感じさせる。また、「朝かぜに雲曼陀羅をえがくとき経塚山はありがたきかも」と刻まれた吉井勇の歌碑も置かれている。

台地状に長い山頂の北側広場までさらに200ｍほど歩く。以前は電波中継塔が設置されていたが、今は撤去され広い草地になっている。**経塚山山頂の三角点**❺はここにあり、「読経の石」と呼ばれる大石がその横に置かれている。北側広場からは、落葉期であれば国仲平野と大佐渡山脈が一望できる。

帰路は往路を引き返す。外山へ下りる古道は荒廃して、たどるのは難しい。

可憐なオオミスミソウ

阿弥陀三尊

三角点と読経の石

吉井勇の歌碑

コースMAP

経塚山

Ⅰ：25,000 畑野　（平成 27 年 4 月 1 日発行）

500m　0　500　1,000　1,500

参考タイム

①猿八登山口
▼45 分
②中間点
▼45 分
③小佐渡林道合流点
▼10 分
④阿弥陀三尊
▼5 分
⑤経塚山山頂

下山は往路を戻って 1 時間 15 分

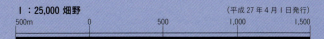

道の駅「みどりの里」の各施設と虚空蔵山

【村上市】 こくうぞうさん

虚空蔵山

日本山岳会越後支部
遠山　実

下越の山々
6

登山MEMO

標高
466m

登山口から山頂まで	1時間45分　難易度 ★☆☆☆　適期 4月～11月
交通	JR羽越本線村上駅からタクシー利用の場合、西口広場（駐車場）まで約30分。
マイカー	日本海東北自動車道朝日まほろばICから、国道7号猿沢交差点を直進、林道柏尾猿沢線の最高点まで進む。付近には駐車スペースが少ないので注意。
水場	コース上に水場はない。
トイレ	西口広場、東口広場にあり。
最寄りのコンビニ	国道7号猿沢交差点から鶴岡方面に向かってすぐ。
アドバイス	①水場がないので事前準備が必要。②登山届ポストは西口広場にある。
問い合わせ	村上市朝日支所　☎0254-72-6883

6 虚空蔵山【村上市】★☆☆☆

猿沢《さるさわ》集落に位置する虚空蔵山は、出羽三山信仰とのつながりが深く、一帯は三山参りの宿場・宿坊として栄えたが、今は住宅が新築され、当時の面影はない。

杉の木立の中に1200年余りの歴史を持つ「越後猿沢・大満虚空蔵尊」の拝殿、山頂には奥の院がある。福徳・智慧《ちえ》を持つ虚空蔵菩薩のあつい信仰を持つ密教寺の山である。

また、大満虚空蔵尊拝殿左側一帯の舌状大地には、広大な猿沢城跡が残る山域でもある。

コースガイド

虚空蔵山から南面に続く一帯は虚空蔵山グリーンパークとして整備され、虚空蔵の森、大杉の森、野鳥の森、やすらぎの森、砦の森、花木の森、展望の森など、歩道全長は4・7kmに及ぶ。その歩道は変化に富み、多様な自然観察が楽しめる。春はカタクリ、ショウジョウバカマ、イワウチワ、カスミザクラ、ウワミズザクラなどの花々を見ながら野鳥の声を楽しみ、秋はブナ、タカノツメなどの紅葉に、ツルリンドウ、アキノキリンソウなどを愛《め》で、春、夏、秋と変化する里山風景が堪能できる。

ここで紹介するコースは、林道柏尾猿沢線の最高部から入山するコースだ。朝日まほろばICから国道7号猿沢交差点を直進し、**柏尾猿沢線の最高部❶**を目指す。

入り口から展望の森、続く花木の森は広く林床が刈り払いされている。登り始めてから約35分、距離にして550mで**西口広場❷**（駐車場・トイレ）である。西口広場からは緩やかな登りで、ブナ、ツツジ、タカノツメ、アカマツ、ヒメコマツの樹林帯を歩き、人工池から少し急登を登り切ると395・5mのピークとなる。ここが**やすらぎの森❸**（東屋《あずまや》の休憩所あり）で、鷲ヶ《わしが》巣山《すさん》や眼下に村上の穀倉地帯が広がる。ひと息ついて大杉の森を目指そう。

30分ほど進むと**大杉の森❹**。菩提池が神秘的に見え、周囲には杉の巨木が歴史の面影を残し、池の東面はカタクリが群生する。この大杉の森で東口からのコースと出合う。

ここから虚空蔵山（奥の院）ま

大満虚空蔵尊

ではやや急登となり、山頂直下で直登コースの表参道と裏参道に分かれる。裏参道のブナの巨木を見ながらのコースをすすめたい。

山頂❺には祠《ほこら》があり、一段下がった先に180度展望できる東屋がある。高根川の両岸に広がる田園風景、遠くには鷲ヶ巣山、朝日連峰、飯豊《いいで》連峰を望む。南面には三面川に架かる水明橋（国道7号）、虚空蔵山から続く南端の下渡《げど》山《やま》までの山々を見渡せる。

やすらぎの森。
手入れの行き届いた気持ちのいい登山道が続く

帰りは同じコースを下山するが、登りでは気付かなかったことなどを発見することも多い。豊かな森に抱かれた、自然観察に最適の山といえよう。

大杉の森。
奥には神秘的な菩提池

やすらぎの森から鷲ヶ巣山

立ち寄りスポット

まほろば温泉　朝日まほろばふれあいセンター

☎ 0254-72-6627
住 村上市猿沢 1240

「朝日まほろばふれあいセンター」は国道7号、村上市猿沢の「みどりの里」内にある日帰り温泉施設。「みどりの里」は道の駅に指定されており、物産館や食堂、宿泊施設などがそろう。地下1,300 mから涌出する温泉は、トロトロとぬめりがあり、湯量も豊富。入浴料は大人（中学生以上）500円、小人（小学生）250円。

虚空蔵山の山頂部

虚空蔵山

1：25,000 塩野町　（平成27年4月1日発行）

500m　0　500　1,000　1,500

参考タイム

①柏尾猿沢線最高部
▼15分
展望の森
▼10分
花木の森
▼10分
②西口広場（駐車場）
▼20分
③やすらぎの森
▼30分
④大杉の森
▼20分
⑤虚空蔵山山頂

下山は往路を戻ってほぼ同じ時間

能化山全容

【村上市】のっけさん

能化山

日本山岳会越後支部
遠山　実

下越の山々
7

登山MEMO
標高
380.5m

登山口から山頂まで	1時間20分　難易度 ★☆☆☆　適期 3月下旬〜11月
交通	JR羽越本線間島駅下車、徒歩5分で登山口。
マイカー	国道345号沿いの間島集落が登山口。登山口に駐車スペース（約2台分）あり。
水場	コース上に水場はない。
トイレ	コース上にトイレはない。
最寄りのコンビニ	付近にコンビニはない。
アドバイス	①水場がないので事前準備が必要。②登山口に登山届ポストあり。
問い合わせ	村上市観光協会　☎0254-53-2258

7 能化山【村上市】★☆☆☆

何とも面白い名前の山である。間島集落にある能化山は、地元では「のっけさん」と呼んでいるが、山名の由来は不明である。集落の菩提寺「仲雲寺《ちゅううんじ》」（弘治元年・1555年開山）の山号も能化山で、現在は曹洞宗のお寺となっているが、中世のころは真言宗寺であったと伝えられている。真言宗の僧の役職に「能化《のうけ》」という位があり、山名はここからではないだろうか。

コースガイド

能化山は海岸に沿って走る国道345号に面し、早春の海と山の香り漂う山である。コースは二つあり、柳沢コースと焼山コースを周遊できる。

登山道や山麓一帯は、春、キクザキイチゲ、カタクリ、ショウジョウバカマ、イワウチワ、ナニワズなどが咲き誇る。日本海側特有の寒い冬に耐えてきた人々にとって、この春の訪れは身も心も〝花開く〟気持ちだ。能化山は春を十分に満喫できる山である。

登山口は国道345号沿いの間島集落にある。国道345号を山形方面に進み、間島集落を過ぎた辺りに登山案内の看板がある。案内に従ってJR羽越本線の踏切を渡り、舗装された道を右方向に

登山口の様子。
車は道脇に邪魔にならないよう駐車

400mほど行くと道路脇の待避所に**能化山登山口❶**の案内表示板がある。

今回は柳沢コースから入り、焼山コースを下る周遊ルートを紹介したい。

登山口からきれいに管理された農道（車は通れない）を行くと、Y字の分かれ道があり、右方向が登山道である。一部不耕作地となって道が不明瞭部分もあるが、雑木林に入ると道が明確で周辺はカタ

イワウチワが咲く柳沢コース登山道

クリの群生地となる。

登山道は、途中まで牛馬で木材を運び出した土ソリ跡のように深くなっている所もあるが、全体的には歩きやすい。展望も良く、たんたんとした道の周辺にはオオヤマザクラ、タムシバ、サイコクミツバツツジ、マルバマンサク、イワウチワなどが咲き競う。

この地域では、大正から昭和10年ごろまで塩木（かまどで海水を蒸発させて塩を作るための薪）の伐採が盛んに行われ、その後、炭焼きなどで木を活用したため巨木はなく、二次林、三次林となっている。

山頂からは日本海が一望の下。粟島も近い

40分ほど登ると**車道（通行不可）**❷に出る。車道を横断して、山頂までは右に円を描くように登り、北に延びる尾根出て平坦な所を進むと**山頂**❸である。山頂からは、日本海が眼下に広がり、粟島、瀬波温泉、佐渡を望む。

焼山コースの登山道。カタクリとショウジョウバカマの群落

カタクリ

ショウジョウバカマ

下山は焼山コースを下る。こちらも柳沢コース同様、途中で一度**車道**❹を横切る。山頂から車道に出るまでが急な下りで、車道から先はカタクリやショウジョウバカマの群生を見ながらの楽しい下りだ。

立ち寄りスポット

瀬波温泉　ゆ処そば処 磐舟

☎ 0254-50-7488
住 村上市瀬波温泉 3-2-30

「大観荘せなみの湯」の姉妹施設で、日帰り入浴だけでなく宿泊も可能。泉質は「弱食塩泉」で、湯量豊富、完全かけ流し。自慢は日本海を望む絶景露天風呂だ。日帰り入浴料は大人（中学生以上）700円、子ども（4歳～小学生）400円。木曜定休。

コースMAP

能化山

1：25,000 柏尾 （平成８年６月１日発行）

500m　0　500　1,000　1,500

梁山泊付近から立烏帽子の山頂部

【関川村】 たてえぼし

立烏帽子

峡彩山岳会
小山一夫

下越の山々
8

登山MEMO

標高
696m

登山口から山頂まで	1時間30分　難易度 ★★☆☆　適期 5月下旬〜11月中旬
交通	JR米坂線越後下関駅より大石集落までバスはあるが、本数が少ない。タクシー、マイカー利用が良い。
マイカー	登山口へは国道113号雲母交差点から大石ダムを目指す。大石ダムから登山口は東俣林道を約5分。登山口付近の東俣林道2号橋手前や上の沢林道分岐広場に駐車可能（いずれも5台ほど）。
水場	山小屋「梁山泊」に水場あり（夏場は枯れることもある）。
トイレ	大石ダムサイトと梁山泊（仮設トイレ）。
最寄りのコンビニ	登山口付近にコンビニなし。国道113号関川バイパス分岐（南赤谷交差点）付近にコンビニあり。
アドバイス	立烏帽子は岩稜で急峻なため荒天時は注意。無理をしないこと。
問い合わせ	関川村観光協会　☎0254-64-1478

8 立烏帽子【関川村】★★☆☆

大石集落から南東へ約3㎞、烏帽子の形をした岩稜の山が「立烏帽子」である。

日照りのとき、大石集落の女衆が山頂で「雨乞い」をしたという。葡萄鼻山《ぶどうはなやま》と連なり、眺望も素晴らしい。眼下に「わかぶな高原スキー場」が広がり、飯豊《いいで》連峰、日本海を望む。

立烏帽子を見上げる標高500m付近の「ヒカバ平」には、峡彩山岳会が昭和47（1972）年に建設した山小屋「梁山泊」があり、現在は関川村が管理している。

麓《ふもと》には大石ダムやキャンプ場、子供広場などがあり、一日楽しめる山域だ。

コースガイド

大石ダムから車で5分、「上の沢林道」の分岐の広場に着く。ここに車を置き、**ゲート**❶から沢沿いに林道を歩いていく。緩やかな登りを20分で**林道終点**❷だ。「立烏帽子登山口」の標識があり、ここから登山道に入る。

広い砂利道の登山道が杉林の中につけられている。やがて正面に道標を見て、左に曲がると本格的な登山道だ。左に沢が見え始めると間もなく「三本松」の休憩ポイントである。

林道終点からおよそ40分。杉の大木の中、道が平らになると「ヒカバ平」で、**梁山泊**❸は近い。杉林は梁山泊の手前で終わり、梁山泊から先は景色が一変する。目指す立烏帽子は小屋から東方、「仰ぎ見る」という言葉がぴったりで、荒々しい岩壁がそそり立っている。

梁山泊でひと息入れたら、いよいよ立烏帽子への登りだ。山頂まで約200mを一気に詰める。梁山泊から左に曲がり「水場」の小

上の沢林道分岐のゲート

林道終点から杉林の登山道を行く

沢を渡る。取り付きから急登の連続で、斜度は40度ぐらいあるだろうか。ロープも随所に設置されているが、「一歩一歩」足元を注意しながらゆっくりと登っていこう。

急登を抜け、尾根に出て左に曲がると**立烏帽子の山頂**❹である。山頂は狭いが眺望絶佳。眼下に青い屋根の梁山泊が見え、飯豊連峰の杁差岳《えぶりさしだけ》が大きい。平野側には高《たか》坪山《つぼやま》、朴坂山《ほうさかやま》、その先に日本海を見渡す。

山小屋「梁山泊」

立烏帽子の山頂

下山は往路を戻る。梁山泊までの下りは登りよりも慎重にいこう。転落、滑落がないよう十分注意したい。

時間があるようなら、ちょっとした寄り道もいいだろう。梁山泊から「トイレ」の標識の方向に曲がると、旧沼川鉱山まで続く「牛道」と呼ばれる旧道が残っている。葡萄鼻山の裾野を曲がると「発点」と呼ばれた広場があり、目の前に杁差岳の雄姿を望むことができる。

立ち寄りスポット

えちごせきかわ桂の湯温泉　ゆ〜む

☎ 0254-64-1726
住 岩船郡関川村大字下関 1307-11

道の駅「関川」の真向かいにある日帰り温泉「ゆ〜む」。近くには関川村周辺の自然や歴史を紹介する「せきかわ歴史とみちの館」、「あいさい市」や「ちぐら」などのおみやげ処、国の重要文化財「渡邉邸」も大修理を終え、湯浴みとともに歴史散歩が楽しめる。入浴料は大人 500 円、こども（4 歳〜小学生）300 円。

立烏帽子

1：25,000 安角　（平成27年6月1日発行）

参考タイム

①上の沢林道ゲート
▼20分
②上の沢林道終点
▼40分
③梁山泊
▼30分
④立烏帽子山頂

下山は往路を戻って約1時間10分

大平山全容。左のピークが山頂である

【村上市】おおだいらやま

大平山

下越の山々
9

坂上孝雄
(旧神林山の会)

登山MEMO

標高
560.8m

登山口から山頂まで	I時間45分 難易度 ★★☆☆ 適期 4月上旬～II月中旬
交通	JR羽越本線岩船駅から登山口まで約I0km。登山口までの路線バスはないので岩船駅からタクシーを利用。
マイカー	登山口の南大平ダム湖公園駐車場を利用。
水場	登山口駐車場にあり。
トイレ	登山口駐車場にあり。
最寄りのコンビニ	付近にコンビニはない。国道7号沿いのコンビニを利用。
アドバイス	①コース上に水場はない。登山口駐車場で水の補給を忘れずに。②紹介している周遊コースは「登り3.2km」「下り6.3km」である。時間や体力に余裕がない場合は往路を戻った方が良い。
問い合わせ	村上市神林支所 ☎0254-66-6III

9 大平山【村上市】★★☆☆

大平山の登山道は平成9（1997）年、地元・南大平集落と神林山の会、そして村おこし青年の会の協力によって伐開された。その後、平成16年4月から役場の力添えにより南俣ルートが延長され、1周約10kmの一日楽しめるコースが出来上がった。
ブナの原生林が広がる手つかずの山で、山域は村上、関川の2市村境界から岩船港に注ぐ2級河川石川の源流に当たる。深いブナの緑の中で、存分に森林浴が楽しめる山である。

コースガイド

国道7号を村上方面に北上し、大塚のダム湖公園の看板を右折、国道290号から指合《さしあわせ》を経て南大平集落を抜けると、登山口の**南大平ダム湖公園①**に着く。左手に天体観測施設「ポーラースター神林」、右手に芝生のきれいなキャンプ場と駐車場、管理棟などが整備されている。

登山カードに記入して登り始める。採草地脇の緩やかな雑木林の道を進むと、程なくして「**公園見晴らし台②**」である。ここからは公園が一望の下だ。

しばらく杉の植林された尾根道を進むと「**臥牛《がぎゅう》展望③**」に至る。村上の桜の名所として親しまれている臥牛山が、ここから望むとその名の通り牛が横たわっているように見えるので、臥牛展望と呼ばせてもらっている。

植林された杉林を抜けると、今度は「**佐渡展望④**」だ。ここからは岩船港をはじめ、荒川河口からはるか先に佐渡、粟島を望むことができる。

登山者カード入れが設置された登山口。山頂までは3.2km

頂上まではブナの原生林が続いている。5月の連休のころには、この吸い込まれるような新緑に魅せられ、多くの登山客が訪れる。ブナ林の中の丘陵を2回ほど登れば頂上だ。

頂上⑤には二等三角点があり、神林山の会が立てた碑と案内板が新しくなっている。展望は東方向に大きな鷲が翼を広げたような鷲《わし》ヶ巣山《がすさん》や光兎山《こうさぎさん》が聳《そび》えている。

下山は南俣コースを下るが、そ

の前に寄り道をしよう。山頂から少し下った所に幹周り10mの山の主「平太君」が鎮座している。ぜひ、足を運んでいただきたい。

下山路の南俣コースは毎年整備されていて歩きやすいが、往路よりも距離が長い。時間や体力に余裕がない場合は、無理をせず往路を戻ろう。

臥牛展望から中央に臥牛山

山頂からそのまま進むこと約40分、**2市村境界**❻のピークに至る。ここは山頂よりも標高が高く580mだ。ここからは朝日連峰や飯豊《いいで》連峰、二王子岳《にのうじだけ》がいっそう良く眺められる。

2市村境界のピークからおよそ45分、道は三角点のある**板東沢**❼を経て、アップダウンをしながら関川村との境界を下っていく。板東沢から終点となる**ダム湖下**❽までは1時間40分の道のりである。

ブナの巨木「平太君」の前で記念撮影

大平山の山頂

大平山

1：50,000 塩野町（平成15年10月1日発行）・小国（平成15年9月1日発行）

1,000m　0　1,000　1,500　3,000

貝附山全景

【村上市】かいつけやま

貝附山

下越の山々 10

荒川ワンダーフォーゲル
坂野雅之

登山MEMO

標高 254m

登山口から山頂まで	①貝附登山口～展望台経由山頂：1時間30分②不動尊登山口～山頂：1時間③花立林道登山口～山頂：45分	難易度	★☆☆☆	適期	4月初旬～11月下旬
交通	JR羽越本線坂町駅から7km、JR米坂線越後大島駅から3.5km。タクシー利用が良い。				
マイカー	日本海東北自動車道荒川胎内ICから国道113号を関川方面へ約8km（約10分）で登山口駐車場（かねま静山荘跡駐車場・10台）。				
水場	貝附・不動尊登山口は沢水を利用。				
トイレ	コース上にトイレはない。				
最寄りのコンビニ	国道7号と113号の交差点（十文字交差点）にコンビニあり。				
アドバイス	①貝附・不動尊登山口は急坂でスリップに注意。不動尊コースは登りに不向き。②登山者カード入れは登山口駐車場と貝附登山口にある。③10月下旬のヤマモミジの紅葉は素晴らしい。				
問い合わせ	村上市荒川支所産業観光室　☎0254-62-3105　坂町タクシー　☎0120-834300　藤観光タクシー　☎0254-50-5050				

10 貝附山【村上市】★☆☆☆

貝附山は、胎内川と荒川に挟まれた蔵王《ざおう》山系（主峰高坪山《たかつぼやま》570・5m）の北端に位置する。

山頂は貝附城跡で中世の山城だ。蔵王山系にはいくつかの山城跡が点在し、登山道には山城特有の空堀も見られる。

貝附登山口から入った沢付近には、旧米沢街道の目印となった庚申塚石塔が残っている。

また、米坂線の線路脇には「せばの渡し」の石碑もあり、北前船の時代には米沢藩との川船の行き来が盛んであったことをうかがわせる。

登山道は平成26年5月5日に山開きを行い「貝附里山を守る会」が開拓して新ルートとなった。

コースガイド

貝附山の登山口は3カ所ある。貝附登山口（貝附城跡登山道）、不動尊登山口、花立林道登山口だ。

貝附登山口には旧米沢街道の目印となる庚申塚石塔が残る。旧米沢街道は関川村と山形県置賜地方を結び、道中に13の峠を有することから「十三峠」と呼ばれた。このコースの途中には展望台もあり、荒川や光兎山《こうさぎさん》の眺めが素晴らしい。

貝附登山口手前の不動尊登山口は、かつて不動明王が祭られた社《やしろ》が今はない。樹齢300年を超える大杉群と小さい滝がある。

どちらのコースも急坂で階段状のステップがなく、スリップに注意が必要である。特に不動尊登山口は勾配が厳しいので登りはお勧めできない。

登山口駐車場❶から**貝附登山口❷**までは約700m。貝附登山口から**展望台❸**に立ち寄り、戻って左側に庚申塚案内板へ下る。竹林の中を進み、赤テープの目印を目標に沢を渡ると右側土手に庚申塚石塔がある。さらに小沢を渡り、アルミ梯子《はしご》を登って次の沢からいよいよ登りはじめる。

樹林帯の中で見晴らしは利かないが、山頂付近は樹間から荒川の清流に荒川頭首工、日本海が望められる所もある。平らな**山頂❹**は田んぼ1枚ほどの広さで、人工的に平地にした形跡がある。

一般的には貝附登山口から花立

貝附登山口コースに残る庚申塚石塔

貝附山山頂から荒川の流れ

貝附山山頂

ブナ平への登山道から荒川頭首工

林道への下山がお勧めで、半日もあれば十分なコースだ。**花立林道登山口**❺から駐車場までは棚田の続く舗装路を下る。

健脚向きだが一日楽しむのであれば、貝附山頂から尾根を縦走し高坪山を目指すのもいいだろう。ブナ平を経由して三角点（523・6ｍ）のあるピークを越えて虚空《こく》蔵《ぞう》峰に出る。あとは飯豊《いいで》連峰見晴台で飯豊の山並を堪能し、高坪山頂を経て高坪山登山口（虚空蔵山荘）へ下る。

縦走のコースタイムは次のとおりだ。貝附登山口↓1時間30分↓貝附山山頂↓1時間↓ブナ平↓30分↓虚空蔵峰↓45分↓高坪山山頂↓40分↓高坪山登山口。高坪山登山口から花立林道で貝附登山口駐車場までは50分ほどみるといい。

早春の花はキクバウオレン、ショウジョウバカマ、イワウチワ、ユキグニミツバツツジなどが咲き誇る。

キクバオウレン

貝附山

1：25,000 坂町

（平成22年5月1日発行）

左端に光兎山、奥の鉄塔の真上が三角点山、右端に湯蔵山

【関川村】

三角点山《さんかくてんやま》

下越の山々 11

関川村山の会
平田大六

登山 MEMO

標高
576.5m

登山口から山頂まで	赤坂コース、平ノ木平コースともに2時間	難易度	★★☆☆	適期	4月〜11月
交通	JR米坂線越後下関駅から公共交通手段はない。タクシーもあるがマイカー利用が良い。				
マイカー	駐車スペースは赤坂コースに5台くらい、平ノ木平コースに30台くらい。				
水場	コース中に水場はない。				
トイレ	コース中にトイレはない。				
最寄りのコンビニ	国道113号南赤谷交差点付近にコンビニあり。				
アドバイス	①両コースの巡回登山も楽しいが、駐車場から駐車場へ3kmの車道歩きが必要。②登山口に登山者名簿入れはない。③コース中には関川村山の会が設置した表示板がある。				
問い合わせ	関川村観光協会　☎0254-64-1478				

三角点山―。このおかしな山名は最近村外の登山者たちによって付けられた。国土地理院では三等三角点で、点名「大倉沢」となっているが、これは知られていない。製炭を生業《なりわい》としていたころから地元では「三角点」と呼んでいた。山遊びの子供らにとって、「三角点」は遠い遠い深山であった。

一帯は国有林で、植林伐採をして国は管理をしてきた。古くは製炭用の雑木を、現在は山菜や木の実などの林産物の一定量の採取を地元に許可している。この受け皿が山麓数集落の住民で組織されている共有林野組合で、山火事・盗誤伐防止、境界保存などの保護義務を担い、自発的に登山道整備にも協力している。

コースガイド

ここでは「赤坂《あかさか》コース」と「平《へい》ノ木平《のきだいら》コース」の両方を紹介する。

〈赤坂コース〉

国道7号を坂町で分かれ、国道113号を東へ10kmほど、小《おお》見《み》橋で荒川を渡ってすぐ右折し、300m先の「蝙蝠《こうもり》沢林道」へ入る。1kmほどで平ノ木平への林道分岐になるが、直進して1km先のゲートのある橋の手前で駐車する。橋を渡って丁字路を右に500m進んだ所が**コース入り口**❶である。

登山道はここからで、いったん吹ノ沢本流へ下りて渡渉し、左岸の茅《かや》ヤブを30m横断して尾根に取りつく。杉や雑木の林を300m進むと**山の神の分岐**❷になっていて、左の道を登るが、右は山の神の祠《ほこら》へと続き、30分足らずで往復できる。

分岐から杉や松の植林の中を緩登30分で**休場《やすみば》**❸となる。やがて318mのピーク下を通るが、3mほど登って稜線にある四等三角点「コウモリ沢」の標石も見てもらいたい。

やがて急登が始まり、これが「赤坂」のいわれであろう。緩いブナ林の道に変わって**山頂**❹到着である。

〈平ノ木平コース〉

平ノ木平コースは蝙蝠沢林道の分岐を右折し、2km進むと数十台

赤坂コース登山口

分の広場があり**登山口**❶である。

林道右脇へ入り30mで一本道の登山道となる。杉や雑木の林を20分ほど進み、稜線に合した所が**平ノ木平**❷で、植林表示の金属板などがある。この先、356mピークの巻き道は大倒木が邪魔で通れず、数年間は稜線通しの迂回で我慢してもらわなければならない。

ブナの大木に熊狩り衆の古い切り付けが残っている。急登を過ぎると広いブナ林となる。

ナガメ場❸は、今は林が成長して見通しは良くない。北進して行き止まりと思わせた所に左直登10mの道が続き三角点山の**山頂**❹に達する。

三角点の置かれている山頂のブナ林は静かな広場になっている。展望はあまり良くないが、新潟の女性登山家が「頂上でゆっくり飲める山なので、年数回訪れている」と称賛されていた。

東方3kmに見える湯《ゆ》蔵《ぞう》山《さん》（726・2m）は、羽前・越後の間道にあり、番所もあったといわれているが、ここから往復4～5時間のヤブの稜線で、残雪期や探検登山のフィールドである。

平ノ木平コースの「平ノ木平」

365mピークの巻き道を大きな倒木がふさぐ。無理せず尾根を通る迂回路へ

ブナに囲まれた三角点山の山頂

ナガメ場の展望はいまーつ

三角点山

1：25,000 越後下関　（平成14年7月1日発行）

500m　0　500　1,000　1,500

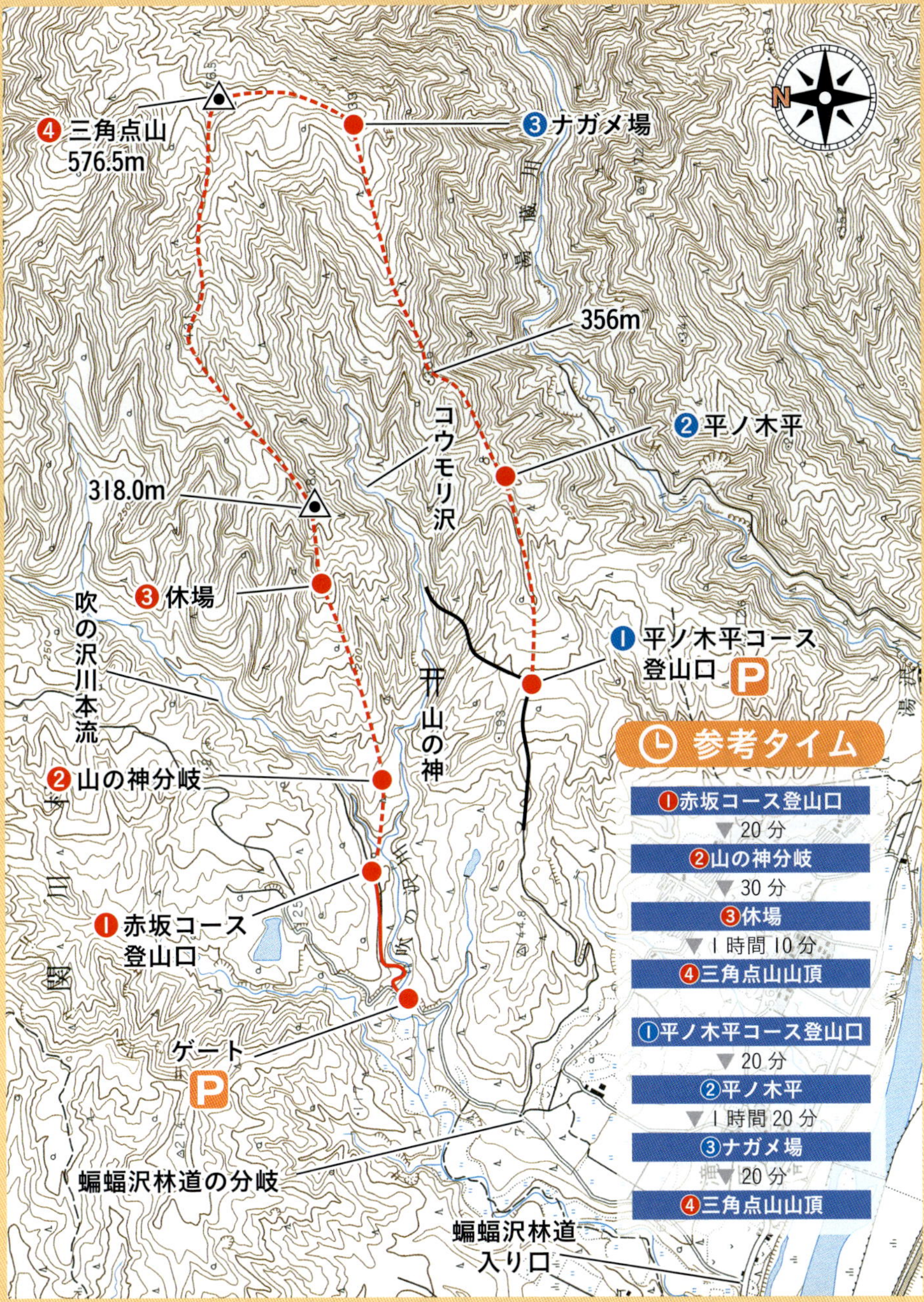

参考タイム

①赤坂コース登山口
▼20分
②山の神分岐
▼30分
③休場
▼1時間10分
④三角点山山頂

①平ノ木平コース登山口
▼20分
②平ノ木平
▼1時間20分
③ナガメ場
▼20分
④三角点山山頂

鼓岡大橋（国道290号）からの眺望。左端が牟礼山で、奥に飯豊連峰

【胎内市】

牟礼山《むれさん》

中条山の会

下越の山々 12

登山MEMO

標高 616.4m

登山口から山頂まで	２時間	難易度	★★☆☆	適期	４月〜11月
交通	JR羽越本線中条駅からタクシー利用。				
マイカー	国道７号下館交差点から登山口まで約10km。登山口付近に駐車スペース（４〜５台）あり。				
水場	登山口付近やコース中に水場はない。				
トイレ	付近にトイレはない。国道７号から登山口に行く途中に、道の駅「胎内」あり。				
最寄りのコンビニ	登山口付近にコンビニはない。国道７号下館交差点にコンビニあり。				
アドバイス	①ヤセ稜や岩場はないが粘土質で滑りやすい。山頂広場は10〜15名程度。②登山口のある県道494号線（熱田坂〜大長谷線）は除雪しないため、冬季通行止め。道路状況については問い合わせ先に要確認。				
問い合わせ	胎内市商工観光課　☎0254-43-6111				

12 牟礼山【胎内市】★★☆☆

牟礼山は胎内川を挟んで胎内スキー場の真向かいに位置する。里からは雄大な飯豊《いいで》連峰に圧倒されて、あまり見映えがしないが、山頂からの眺めは抜群で、全方位見渡せる。この標高でこれだけの展望のある山は珍しい。

かつては、阿弥陀・薬師如来を祭る信仰の山だったという。山麓の住人は、単にモレ、ムレと親しみを込めて呼んでいる。

胎内リゾートエリアの一角にあり、多様な施設と複合的に楽しめる貴重な里山といえる。

コースガイド

胎内リゾートの中核的施設であるロイヤル胎内パークホテルからスキー場方面に向かい、突き当たった丁字路を「夏井の大波石」「牟礼山登り口」の看板に導かれて左折する。300mほど行った右崖下に県指定文化財の「大波石」がある。遊歩道も整備されているので、下山後にぜひ訪れてほしい。

さらに車道を1kmほどで**登山口**❶だ。大きな登山案内図看板が立っているので分かりやすい。駐車場所は狭く、4~5台程度である。

車道跡のような広い道をたどるとすぐに牟礼山の案内標柱があり、その脇に鉄塔巡視路標識も立っている。牟礼山登山道は、途中までこの巡視路を利用する。潅木と広葉樹の林はすぐに終わるが、春には林床に咲く、カタクリに目を奪われるであろう。樹木に付けられた植物名の標識がうれしい。整備している方々の心遣いが伝わってくる。

巡視路は杉林の中を抜けていく。鉄塔脇を2カ所通過すると、程なく**登山道分岐**❷となる。真っすぐ道なりに下って行くのが巡視路で、広く刈り払われている。登山道は左手の緩い登り道である。分岐には案内標柱もあるが、肝心の標識部分が壊れていて分かりづらい。要注意の場所だ。下山時のために目印テープをつけることをお勧めする。

分岐から林相はがらりと変わり、明るいアカマツと広葉樹の混生林となる。緩やかなアップダウンは

夏井の大波石（県指定文化財）

カタクリとギフチョウ

小気味よく歩け、立ち並ぶアカマツの大木にリフレッシュされるであろう。時季が合えば、ユキツバキやミツバツツジなどの花が目を和ませてくれる。

窪地のような広い場所に出ると、このコース唯一の急坂が始まる。伐採木を活用した階段とロープがあり、登るのに問題はないが、意外と長く感じられる。焦らずゆっくり登ろう。これを越えてしまえば、ブナの交じる登山道は一段とさわやかさを増し、頂上までそう遠くない。仲間と語らいながら、時にはひとり寡黙に、里山を満喫して行こう。

山頂広場

大きな樹木がなくなり、周りが開けてきたら、そこは**頂稜の一角**❸だ。これまでまったく姿を見せなかった飯豊連峰北端の雄峰、杁差岳《えぶりさしだけ》が、いきなり目に飛び込んでくる。澄み切った日は、遠く鳥《ちょう》海山《かいさん》まで眺められる。朝日連峰、佐渡島、弥彦山《やひこやま》、360度の大展望に飽きることはなく、座ってしまうのがもったいない気持ちになる。山頂は、10～15人程度が座れる広さだ。のんびりと昼食を楽しんでから、来た道を戻ろう。

立ち寄りスポット

ロイヤル胎内パークホテル

☎ 0254-48-2211
住 胎内市夏井 1191 番地 3

スキー場、ゴルフ場、キャンプ場、各種教養文化館、食事処など、ありとあらゆる施設が立ち並ぶ胎内リゾートの中核となる施設。外観は御影石、館内は大理石で造形された豪華ホテル。新胎内温泉は日帰り入浴可能。入浴料は大人 800 円、小学生 400 円。土産物などの売店もあり、気軽に立ち寄れる。

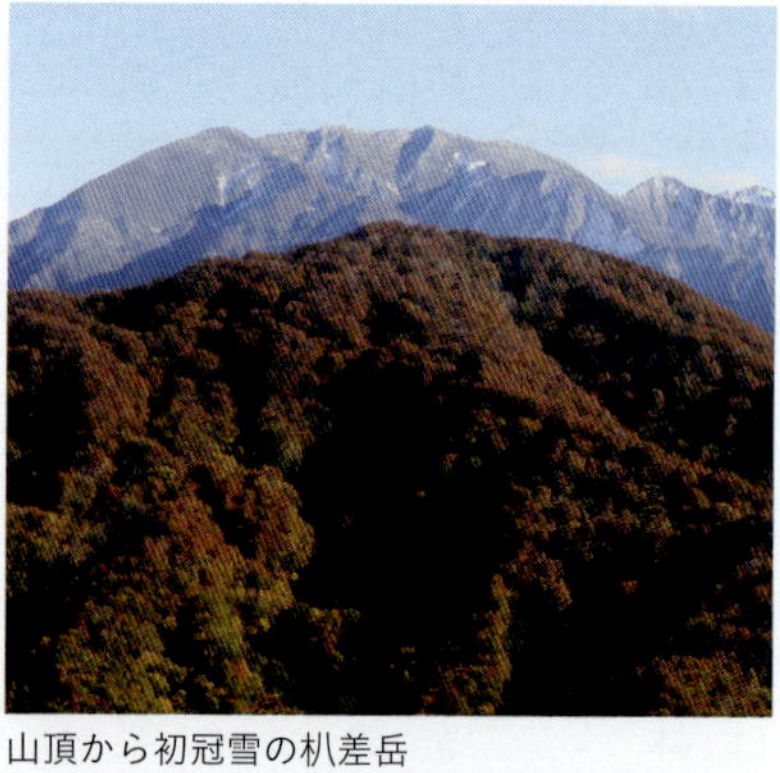
山頂から初冠雪の杁差岳

牟礼山

1：25,000 安角　（平成 27 年 6 月 1 日発行）

参考タイム

①登山口
▼ 30 分
②登山道分岐
▼ 90 分
③牟礼山山頂

下りは往路を戻って約 80 分

地本地区から櫛形山脈。左の尖ったピークが鳥坂山、右のピークが櫛形山。後方に飯豊連峰

【胎内市・新発田市】 くしがたさんみゃく

櫛形山脈

下越の山々 13

中条山の会
五十嵐　力

登山MEMO

標高
櫛形山
568.0m

登山口から山頂まで	①大沢登山口〜櫛形山山頂：1時間②〈縦走〉大沢登山口〜櫛形山〜鳥坂山〜白鳥公園：5時間40分	難易度（縦走の場合）	★★☆☆	適期	4月〜11月
交通	JR羽越本線中条駅から大沢駐車場まで3.5km。白鳥公園から中条駅まで4.2km。タクシーを利用。				
マイカー	国道7号「関沢」交差点を南に入り、大沢駐車場まで3km。縦走の場合は、下山口でタクシーを呼ぶか、あらかじめ車をデポしておく必要あり。				
水場	コース上に水場なし。				
トイレ	コース上にトイレなし。				
最寄りのコンビニ	国道7号「星の宮」交差点の西側にコンビニあり。				
アドバイス	①6月上旬に鳥坂山周辺で、ヒメサユリ、ヒメシャガがきれい。②紅葉適期は11月上旬。				
問い合わせ	胎内市商工観光課　☎0254-43-6111　中条タクシー　☎0254-44-8888　藤観光タクシー　☎0254-39-1015				

13 櫛形山脈【胎内市・新発田市】★★☆☆

櫛形山脈は全長約13㎞、平均標高300mにも満たない「日本一小さな山脈」として知られている。
一日で縦走できる小さな山並みではあるが、国の天然記念物に指定されている「大峰山《おおみねやま》・橡平《とちだいら》のサクラ樹林」や、新潟県ブナ林100選に入っている「櫛形山頂稜のブナ林」など見所は多い。
また、櫛形山から白鳥山《しろとりやま》にかけては、中世奥山荘の豪族、越後平氏として名高い城氏一族の山城や居館遺跡が点在し、これらの歴史散策を楽しむこともできる。

コースガイド

〈櫛形山脈最高峰・櫛形山へ〉

国道7号「関沢」交差点を南（山側）に入り、関沢集落を通過し、右にゴルフ場を見ながら登るとY字路となる。左は関沢森林公園への道、ここは右の砂利道に進み約1㎞で**大沢駐車場**❶に着く。ゲートを潜り林道を道なりに進むと、左に大沢尾根コースの登山口がある。

杉林の台地を進み、滑りやすい急坂を登り切ると、赤松の尾根に上がる。ここから、U字状にえぐれた道の急登となり登り切ると、やがてブナの美しい林に変っていく。右から大峰山からの縦走路を合わせると、櫛形山山頂はすぐ目の前に見える。

櫛形山山頂❷には、展望案内図、二等三角点、ベンチが設置されており、東側180度の素晴らしい展望が開けている。朝日連峰、飯《いい》豊《で》連峰、二王子岳《にのうじだけ》、五頭山《ごずさん》等々…。ゆっくり景色を堪能してから縦走をスタートしよう。

〈櫛形山から鳥坂山へ縦走〉

ブナの美林を北に進む。タカツムリ城址と空堀を過ぎると、中ノ沢尾根コースの分岐、さらに30分ほどで**飯角コースの分岐**❸に到着する。ここは広場になっており休憩に良い。展望の利かない縦走路はアップダウンを繰り返し、30分ほどでベンチの置かれた「**坂井越え**❹」に、さらに1時間20分、大きく右に回り込んだ奥まった所が「**板入りノ峰**❺」だ。ここはブナ林に囲まれ

櫛形山山頂付近のブナ林

た広いピークで爽やかな風が通り、昼食を楽しむには絶好の場所だ。

「黒中山」で黒中コースを分け、「ユズリハノ峰」で石切りコース分けて、最後のだらだら登りを登り切ればようやく「**鳥坂山**《とっさかやま》❻」の山頂にたどり着く。県北の山々や田園風景、日本海に浮かぶ粟島など眺め下山にかかろう。

〈鳥坂山から白鳥公園へ下山〉

岩場の急斜面を慎重に通過し、マイクロウエーブの脇を回り込んだ右側に白鳥山への登山道が続く。白鳥山手前に追分コース分岐があるが、白鳥山を往復してから下山しよう。**白鳥山**❼には展望楼があり、胎内市街地から日本海、佐渡島が眼下に見渡せる。**白鳥公園**❽へ下る追分コースは階段が多いので、気を抜かず慎重に下山しよう。

ユズリハノ峰のヒメサユリ

櫛形山山頂。二王子岳がよく見える

立ち寄りスポット

新樽ヶ橋温泉　クアハウスたいない

☎ 0254-47-2660
住 胎内市下赤谷 387-16

道の駅「胎内」の一角にある日帰り入浴のできる施設。エリア内には胎内観音、樽ヶ橋遊園、美術館、黒川郷土文化伝習館などがあり、胎内市の観光スポットになっている。日帰り入浴料は大人 510 円、小学生 300 円。休館日は８月を除く毎月第３水曜日。

鳥坂山山頂

櫛形山脈

1：50,000 中条　　（平成 15 年 9 月 1 日発行）

1,000m　0　1,000　1,500　3,000

マンダロク山の山頂部。手前にニセピーク、奥に山頂

【阿賀町】 まんだろくやま

マンダロク山

下越山岳会
髙橋正英

下越の山々
14

登山MEMO

標高
865.8m

登山口から山頂まで	約２時間30分　難易度 ★★☆☆　適期 ５月中旬～11月初旬
交通	JR磐越西線五十島駅から登山口まで約３km。マイカーの利用がベターである。
マイカー	国道49号を津川方面へ道の駅みかわ手前の五十島橋を渡り、県道村松線を村松方面へ丁字路を右折、橋を渡りすぐに左折し山道に入る。つづら折れの山道を車で約７分、栗園のある登山口に着く。５台ほど駐車できる。
水場	コース上に水場なし。
トイレ	コース上にトイレなし。
最寄りのコンビニ	付近にコンビニはない。国道49号道の駅みかわを利用。
アドバイス	痩せ尾根の所もあり、山頂手前には830ｍのニセピークがあり気が抜けない山である。
問い合わせ	阿賀町三川支所振興係　☎0254-99-2311

14 マンダロク山【阿賀町】★★☆☆

山麓から見ると標高の割には堂々とした山容で登行意欲を掻《か》き立てる。眺望も素晴らしい。

山名は国土地理院の地図では珍しくカタカナである。山名の由来は定かではないが、地域も福島県会津地方に近く人名の「亦六」がなまって（マンダログ、マダロク）マンダロク山になったのではと推測する。

登山口となる栗園（標高300m付近）は現在休園で営業をしていないため森林組合の建物付近に駐車できる。

コースガイド

登山口❶は栗園の建物を左に見て約200m先に「日倉山」と書かれた標識があり、下に小さな字で「亦六山」865mとある。今はマンダロク山までしか登山道が整備されていない。

登山道に入るとよく整備されており雑木林の中を緩やかに登って行くと、20分ほどで滝見場の標識が現れ、かすかに滝が望まれる。そこから少し登ると**454・8mの三角点の展望台❷**と表示された場所に出るが周りは潅木で展望は全く望めない。

ここを過ぎるとやがて山頂まで2時間の標識がブナに打ち付けてあり、尾根も次第に細くなってくる。しかし、この辺りまでは潅木に覆われているため、夏季の高温のときには日陰が多く、暑さがしのげて快適に登れる山でもある。

やがて前衛峰の830mピークが前方に大きく見えてくるが、マンダロク山の本峰はその後ろに隠されてはっきりとは見ることができない。傾斜も急になり、何カ所かロープのある場所も現れる。特に830m峰の途中にはガレ場があり、登下降でのスリップに注意が必要で、慎重な行動が要求される場所でもある。

830m峰❸付近からは菅名《すがな》山塊、五頭《ごず》山塊、蒜場《ひるば》山、棒掛《ぼうかけ》山《やま》、遠く飯豊《いいで》連峰、よく晴れた日には磐梯山《ばんだいさん》も見ることができる。眺望が素晴らしいので、ここでひと息いれると良いだろう。花は5月中

五十沢集落からマンダロク山全景

登山口には「日倉山登山道入口」の標識が立つ

旬、ヒメサユリ、サラサドウダン、コメツツジなどを見ることができる。この830m峰の急な登りが最後の頑張りどころで、このピークを越えれば山頂は目前だ。

少し下ると山頂への最後のひと登りとなり、マンダロク山の三等三角点のある**山頂④**に出る。山頂には日倉山への通過点の意味なのか前日倉山の表示がある。この先、日倉山へはかすかにナタメがあるが、やがてそれもやぶで覆われて残雪期でなければ苦労するであろう。また、県道村松線の沼越峠方面からの昔の登山道だろうか、山頂からわずかに道跡が残っているが、これもすぐにやぶに覆われて廃道となっているようだ。

山頂からの眺望は残雪期であれば360度、粟ヶ岳《あわがだけ》、白山《はくさん》方面も見渡せる素晴らしい光景が広がるのだが、夏季は残念ながら潅木が繁茂しており望む術もない。

454・8m展望台や山頂周辺の刈り払い、日倉山までの登山道の整備などが進めば、より魅力のある山域となるであろう。

マンダロク山山頂の三等三角点

登り始めてほどなく「滝見場」の標識

立ち寄りスポット

新三川温泉
温泉＆スポーツリゾート ホテルみかわ

☎ 0254-99-3677
住 東蒲原郡阿賀町五十沢 2598

国道 49 号周りでは咲花温泉、県道新発田津川線沿いなら新三川温泉がおすすめ。「ホテルみかわ」は源泉かけ流しで、野趣あふれる露天風呂が自慢。日帰り入浴料は大人 500 円、子ども（3 歳から 12 歳）250 円。

マンダロク山

1：25,000 馬下

(平成 28 年 4 月 1 日発行)

コースMAP

7月のたきがしら湿原

【阿賀町】 たきがしらしつげん

たきがしら湿原

下越の山々
15

登山MEMO

標高
約350m

周回コース所要時間	約1時間（カモシカ歩道周回）	難易度	★☆☆☆	適期	4月下旬～11月下旬
交通	マイカー利用が良い。				
マイカー	磐越自動車道津川ICから約21km。湿原入り口に広い駐車場あり（約60台）。				
水場	コース上に水場はない。見晴らし小屋内に有料のドリンク販売あり。				
トイレ	駐車場と見晴らし小屋にあり。				
最寄りのコンビニ	付近にコンビニはない。津川ICからの国道49号沿いにあり。				
アドバイス	①林道滝首線の開通期間に注意。林道途中にゲートがあり、夜間は閉鎖される。②ホタルは6月下旬～7月中旬が見頃で、夜間はゲートを開放。				
問い合わせ	阿賀町農林商工課林政係　☎0254-92-5764				

15 たきがしら湿原【阿賀町】★☆☆☆

福島県境のほど近く、阿賀町七名《ななめ》地区の最奥に、全国でも数例しかないという人口湿原がある。「たきがしら湿原」だ。

標高は約350m、周辺の山々にはブナやミズナラ、コナラ、スギなどの二次林が広がる。

湿原の面積はおよそ6ha。在来種と植栽されたものを合わせると70種以上の植物が湿原の四季を彩る。

平成8（1996）年に開園して以来、気軽に自然探勝が楽しめる場として人気が高い。多様な動植物と出合えることから、特にファミリーでのハイキングにお勧めだ。

コースガイド

たきがしら湿原へ向かうには、磐越自動車道津川ICから国道49号を会津方面へ、三郷交差点を右折して県道227号線、228号線を進む。旧七名小学校を過ぎると、間もなく「たきがしら湿原・右折・この先5km」の大きな標識があり、案内に従って柴倉川を渡る。この先、川沿いの集落を抜けて林道滝首《たきがしら》線に入るが、雪解けを待っての開通となるため、道路状況をあらかじめ確認しておきたい。徐々に高度を上げながら10分ほど車を走らせると、たきがしら湿原である。

もともとこの地には滝首という集落があった。この集落が集団移転を余儀なくされたのは昭和51（1976）年のこと。山間で営々と紡がれてきた暮らしが、時代の変化という波にのまれた。そして、荒廃した水田跡地を再利用する目的で造成されたのが「たきがしら湿原」である。

ミズギク

ヒツジグサ

たきがしら湿原には広い駐車場が整備され、3階建ての見晴らし小屋が建てられている。ここを起点に、湿原内の木道散策から、「カモシカ歩道」を使ってのハイキングまで、時間や目的に応じて楽しめるようになっている。

湿原は大きく第1湿原と第2湿原に分けられ、見晴らし小屋から見渡せるのは第1湿原だ。早春のミズバショウから晩秋の紅葉まで、見どころは尽きない。中でも圧巻なのが、6月中旬に見頃を迎えるニッコウキスゲである。鮮やかな黄色が湿原を埋め尽くし、夏の訪れとともにコオニユリの橙色へとバトンタッチする。第2湿原の見どころは7月初旬のオオバギボウシで、こちらは純白の大群落だ。

湿原とその周囲の遊歩道を彩る花々は、リュウキンカ、ミツガシワ（5～6月）、ヒオウギアヤメ、ヒツジグサ、ヒメサユリ（6～7月）、ミズギク、コバギボウシ（7～8月）、オミナエシ、キキョウ、ミソハギ（8～9月）などが挙げられる。

「カモシカ歩道」は、よく整備された1・3㎞の登山道で、見晴らし小屋から1周3・1㎞、約1時間で楽しむことができるハイキングコースになっている。

ブナを中心とした緑のトンネルが心地よく、息が上がるような急坂はない。その代わり残念なのが眺望で、展望が開ける場所はそう多くない。

コウホネ

コオニユリ

気持ちの良いブナ林が広がるカモシカ歩道

カモシカ歩道からの眺望。山名は不明

たきがしら湿原

1：25,000 安座　（平成14年2月1日発行）

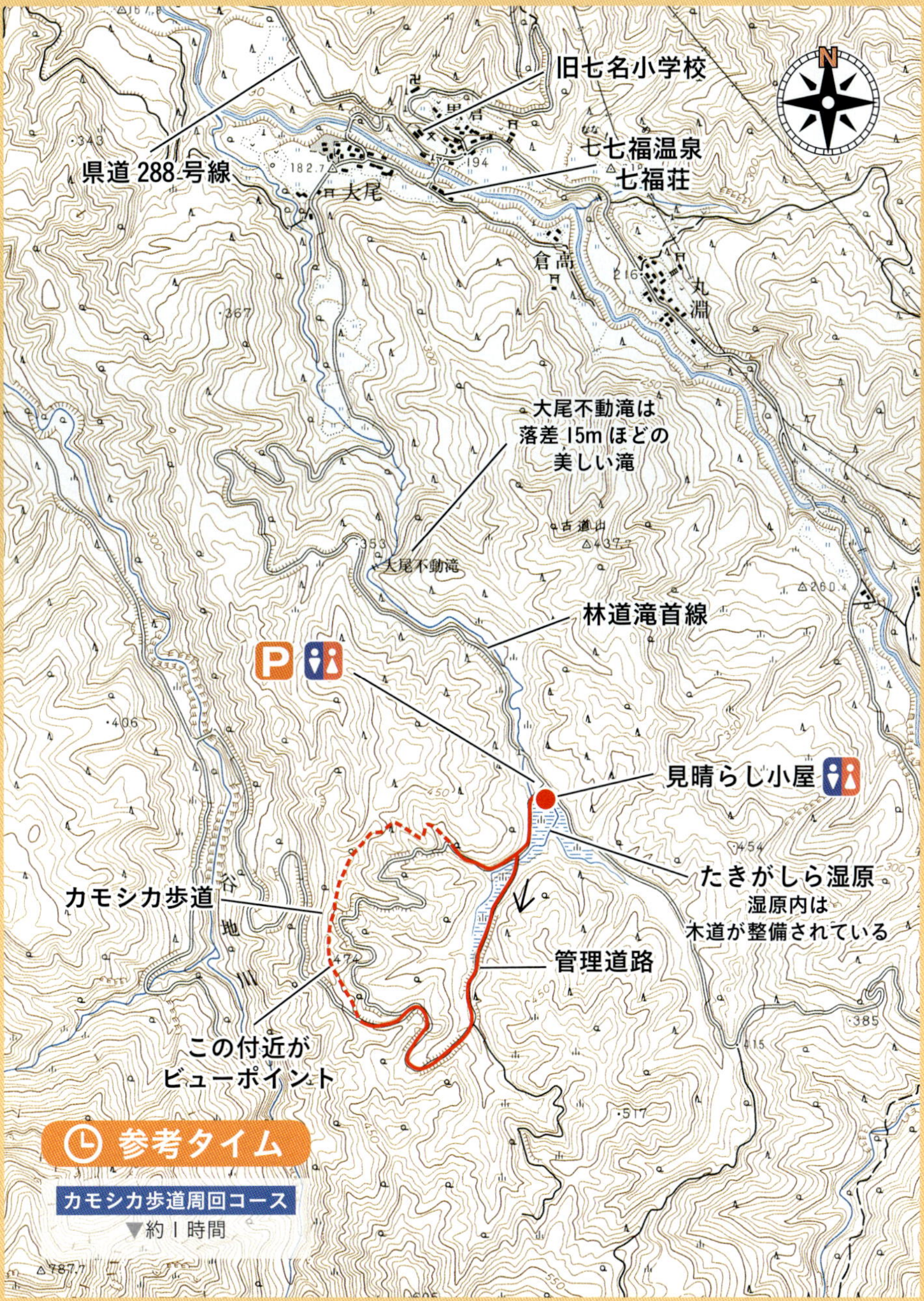

権現山全容。ピラミッド形で送電線鉄塔が目印

【五泉市】ごんげんやま

権現山

下越の山々
16

新潟峯友会
小林　勇

登山MEMO

標高
630.3m

登山口から山頂まで	２時間30分　難易度 ★★☆☆　適期 ５月～11月
交通	JR磐越西線五泉駅から蒲原鉄道バスで村松駅下車。ここから登山口付近までタクシーを利用。
マイカー	国道290号の公園入口交差点（村松公園）を曲がり、県道17号線を直進。小面谷集落の手前、中川原橋を渡り、中川原集落の奥に駐車スペース（数台分）がある。
水場	コース中に水場はない。
トイレ	コース中にトイレはない。
最寄りのコンビニ	登山口付近にコンビニはない。事前準備が無難。
アドバイス	取材時はGPSに頼って登ったが、1/2.5万の地形図に記載されている登山ルートと実際はかなり異なっていた。道もヤブが多く荒れ気味で、登りに目印のテープしていった方が良い。
問い合わせ	五泉市商工観光課　☎0250-43-3911

16 権現山【五泉市】★★☆☆

権現は日本の神の神号の一つ。権は「臨時の」「仮の」という意味で仏様が「仮の神の姿で現れた」ことを示す。権現と付く山は日本全国に見られ、権現山は新潟県内に4座ある（五泉市、阿賀野市、十日町市、糸魚川市）。これに「権現岳」や「上権現堂山・下権現堂山」などが加わる。ここで紹介する五泉市（旧村松町）の権現山は、「忠犬タマ公」の舞台としても有名である。

コースガイド

権現山は標高こそ低いが、日本の秘境として名高い「川内《かわち》山塊」の一部である。川内山塊は、阿賀野川の支流早出川の上流部を取り囲む山群だ。早出川から山塊の核心部へ向かって、権現山、木六山《きろくやま》、五剣《ごけん》谷岳《やだけ》、銀次郎山《ぎんじろうやま》、銀太郎山《ぎんたろうやま》と続き、青里岳《あおりだけ》、そして盟主の矢筈《やはず》岳《だけ》に連なる。

権現山登山道の入り口。標柱が立つ

登山口のある中川原集落は、忠犬タマ公の育った地だ。タマ公は昭和9（1934）年と昭和11年の二度、主人が猟場で雪崩に巻き込まれたのを助けたことにより、地元新聞やラジオで大きく取り上げられた。このタマ公の銅像は、新潟市の白山公園やJR新潟駅など、県内に4基存在する。

林道から登山道は沢沿いの道へ

マイカーで登山口の中川原集落を目指す場合、村松公園から早出川沿いの県道17号線を7㎞ほど直進する。小面谷集落の手前、中川原橋を渡って「権現山」の標識に従い中川原集落に入る。駐車スペースは集落の一番奥で5台ほど駐車

中間点の「天狗の投石」

可能だ。登山口は駐車スペースから少し戻った所にある。

登山道の入り口は、民家の出入り口のような場所にあり、「**権現山登山道入口❶**」の標柱が立てられている。案内板に導かれ民家の庭先を進んでいく。

杉林の中、しばらく行くと林道に出る。この林道を右に少し進むと小さな沢があり、ここに登山道の標識が付けられている。この沢の左岸をへつるようにして進むと、このコースの中間点と思しき「**天狗の投石❷**」の大きな岩が現れる。

中越幹線の標識がある分岐点

登山口からここまでおよそ45分だ。

ここから地形図では459mのピークに向かって登山ルートが引かれているが、実際のルートは異なる。

中間点から25分ほどで送電線鉄塔の巡視路と合流。「**中越幹線❸**」の黄色い標識が立ち、道は左右に分かれる。

山頂への登りはかなりの急勾配

祠と標柱の立つ権現山山頂

山頂は左の道で、急登を一気に登り詰める。二等三角点のある**山頂❹**には石の祠《ほこら》が祭られ、「権現山630・3m」の標柱が立つ。眺望を楽しんだ後は往路を戻ろう。下りはおよそ1時間20分だ。

なお、取材時（2016年）の登山道の状況は荒れ気味であった。ヤブでおおわれて踏み跡が不明瞭な箇所もある。設置されているピンクテープなどを見落とさないようにしたい。

右に白山が指呼の間。
左には粟ヶ岳

権現山

1：25,000 高石　（平成 28 年 10 月 1 日発行）

500m　0　500　1,000　1,500

コースMAP

左が五頭連峰の最高峰菱ヶ岳。中央に平らなピーク（大日山）を挟み、右のピークの奥が野須張

【阿賀町】 のすばり

野須張

下越の山々 17

豊栄山岳会
島　伸一

登山 MEMO

標高 902.8m

登山口から山頂まで	２時間40分　難易度 ★★★☆　適期 ４月中旬～11月初旬
交通	磐越自動車道安田ICから国道49号で登山口のある石戸集落まで約20分。路線バスはない。最寄り駅はJR磐越西線東下条駅。
マイカー	国道49号から登山口（菱ヶ岳登山道南口）まで約３km。登山口に駐車スペースあり（約６台）。
水場	コースを３分の２ほど登った登山道の左手の沢に「釜場清水」１カ所。
トイレ	登山口付近やコース中にトイレなし。
最寄りのコンビニ	登山口付近にコンビニや売店はない。国道49号の「道の駅阿賀の里」の近くにコンビニあり（登山口まで約４km）。
アドバイス	①登山口の駐車スペースは狭い。②頂上から宝珠山へ進むこともでき、また菱ヶ岳へ進むと五頭山、松平山まで縦走できる（健脚向き）。
問い合わせ	阿賀町三川支所振興係　☎0254-99-2311　安田タクシー　☎0120-023030

17 野須張【阿賀町】★★★☆

野須張は、五頭《ごず》山塊の西南端宝珠山《ほうしゅさん》（559m）から菱ヶ岳《ひしがだけ》（973・5m）に向かう縦走路上に位置する。登山道は裏五頭からの静かな道で、「安田山の仲間の会」が平成11年から整備をしている。
旧三川村では荒沢山と呼び、旧水原町の古地図には野須張という山域が載っている（『阿賀野町史3』『安田町史』）。野須波里とも書き、山名の由来ははっきりしないが、「すばる」という言葉には「すぼまって段々細くなる」という意味があるようだ。

コースガイド

新潟方面から国道49号を進み、阿賀野川の取上橋を過ぎてすぐ左に160度ほど曲がり、道なりに行くと集会所の前で二手に分かれる。左手の道を進み、橋を渡り石戸集落に入って、左手にある消防団の施設の向かいの民家の角を右折、400mほど進んだ石戸川沿いに「**菱ヶ岳登山道南口❶**」の木製標識がある。野須張登山口という記載はないがここから登る。野須張は菱ヶ岳まで続く道の途中にある。

標識から5分ほど登っていくと大山神社の標識があり右手に鳥居が見えてくる。木立を抜けて進むと幅の広い土道の道路に出る。その道路を左に50mほど進み、右手に「登山道」の白い標識がある細い道に入って進む。杉林を登って尾根に出ると右に阿賀高原ゴルフ場のコースが見えてくる。標高340m付近に「菱ヶ岳登山道山頂まであと4㎞」の標識がある（山頂とは菱ヶ岳のこと）。

460m付近から先は4月には道沿いにイワウチワの群落が見られる。490mのピーク付近に「山頂まであと2時間」の白い看板がある。ここから少し下って細い尾根の登りになるが、急斜面にはロープが設置されている箇所もある。左手に沢が流れており水音も聞こえるが、釜場清水はまだ遠い。木々に遮られて日差しは強くない。急勾配を登っていくと630m付近に茶色の板に白く「**釜場清水❷**」と書いた標識がある。左に15mも行くと石垣を積んだような岩の間

石戸地区の登山口。
道路脇に駐車スペースがある

を上から細い清流がほとばしっている。喉を潤し、顔を洗い、水を補給する。しかし、4月はまだ雪の下だ。

　登るにつれて角度が急になる。ブナの木立を縫って登っていくと、

ヒメサユリ

イワウチワ

釜場清水

見上げる先に林状のこんもりした稜線が見えるが、頂上はさらにその先でまだ見えない。

　林状のピークは細いブナの木立で、そこまで行くと頂上が見えてくる。木々の間の道を進み少し下ってから最後の登りになる。晴れていると右手に飯豊《いいで》連峰の大日岳《だいにちだけ》から北股岳《きたまただけ》へ続くラインが見え、左手下には潅木の間から青い阿賀野川に沿った咲花温泉も見える。日曜日の時間によっては磐越西線のSLの音も聞こえる。

　左側が潅木の登山道を登って**頂上**❸に出る。少し広いが三方を木々に囲まれ、右手以外は展望が良くない。右手は草地で蒜場山《ひるばやま》や飯豊連峰が望まれ、休憩に良い。三角点と「野須張（荒沢）」と書いた標柱がある。左手には宝珠山への道が続いているが木立で新潟市側の展望は無い。前方には大日山（西山）、菱ヶ岳への縦走路が延びている。下山は往路を戻ろう。

三角点（写真手前）がある頂上の草地

野須張

1：25,000 出湯（平成26年11月1日発行）・馬下（平成28年4月1日発行）

500m　0　500　1,000　1,500

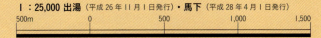

瓢湖からの松平山

【阿賀野市】

松平山《まつだいらやま》

新潟楽山会
大野新一郎

下越の山々
18

登山MEMO

標高
953.9m

登山口から山頂まで	2時間30分　難易度 ★★★☆　適期 4月下旬～11月下旬
交通	JR羽越本線水原駅から阿賀野市営バスで五頭温泉郷行き、出湯温泉バス停下車。登山口まで徒歩約4km。
マイカー	磐越自動車道安田ICから国道290号で新発田市方向へ進み、畑江の丁字路を県道509号線へ右折。五頭いこいの森方向に進み、最奥の魚止めの滝駐車場（約8台）が登山口となる。安田ICから登山口まで約14km。
水場	雷清水があるが、枯れていることが多い。
トイレ	魚止めの滝駐車場手前の五頭いこいの森キャンプ場。
最寄りのコンビニ	国道290号畑江の丁字路にコンビニあり。登山口まで約3km。
アドバイス	①コース中にトイレはない。②4月にはタムシバ、イワウチワが、5月にはヤマツツジ、タニウツギ、イワカガミなどが見頃となり登山道を彩る。③下山後は登山口周辺の五頭温泉郷（出湯温泉、今板温泉、村杉温泉）で入浴が楽しめる。
問い合わせ	阿賀野市商工観光課　☎0250-62-2510

18 松平山【阿賀野市】★★★☆

「松平山」は一等三角点があり、五頭《ごず》連峰二番目の標高を誇る。五頭連峰は、阿賀野川と加治川に挟まれ、南に宝珠山《ほうしゅさん》、大蛇山《おおじゃやま》、中央に菱ヶ岳《ひしがだけ》、五頭山、そして北に松平山、金鉢山《かなばちやま》、剣龍峡《けんりゅうきょう》の峰々を有す。週末には多くの登山客が訪れる人気の山域だ。

その中で最もにぎわっているのは五頭山で、それと比べると登山客は10分の1と少ない。

しかし、それだけに自然が豊かで、静かな山歩きを楽しむことができる。

コースガイド

国道290号から畑江丁字路交差点で県道509号線に曲がる。角にはコンビニがあり「五頭連峰少年の家」「五頭薬用植物園」「五頭いこいの森キャンプ場」と一緒に「松平山登山口」の標識が出ている。最奥の**魚止めの滝駐車場**❶まで約3㎞、ここが登山口である。

登山届用の箱が設置してあるので提出してから出発しよう。いったん大荒川に下り、右手に魚止めの滝を見ながら最近新しくなった木橋を渡る。川に沿って踏み抜きに注意しながら、へつった道を行く。小さな沢をいくつか跨ぎしばらく行くと方向を北東に変える。大荒川から離れて尾根道に取り付く。ここには標識が立っているので見逃さないように。間違っても川に沿って真っすぐに行かないこと。

尾根道はジグザグに傾斜のきつい急登となって標高を稼ぐ。沢の音も聞こえなくなり、汗も絞られるが、辺りは見事なブナ林となり癒やされる。時折涼風が通る所なので休憩を入れながら登ると良い。

新しくなった木橋と魚止めの滝

登り切った所が「**山葵山**《わさびやま》❷」山頂だ。登山道からは少し外れるが道標があるのですぐ分かる。展望が良いのでゆっくり休むことにしよう。松平山は前山に隠れて見えないが、間近の五頭山は手に取るようだ。

展望を楽しんだら、松平山を目指そう。さっきの急登と比べ傾斜が緩やかな尾根道となり、樹木も雑木林に変わる。4月には登山道の両脇にマルバマンサク、キクザキイチゲ、タムシバ、イワウチワ

見事なブナ林に癒やされる

が咲く。5月になるとタニウツギ、ヤマツツジ、イワカガミ、ウラジロヨウラク、ヤマボウシが咲き誇り、登山の楽しみを倍加させる。

アップダウンを繰り返していくと9合目の**雷清水**❸に着く。標識があり、約10メートル下った所が水場だ。夏場は枯れていることが多いので注意が必要。

さらに10分ほどで一等三角点の**松平山山頂**❹に着く。山頂からは、眼前に五頭山、菱ヶ岳の峰々が広がる。東方から南、西方向に御《み》神楽岳《かぐらだけ》、日本平山《にほんだいらさん》、守門岳《すもんだけ》、粟ヶ《あわが》岳《たけ》、新津丘陵、角田山《かくだやま》、弥彦山《やひこやま》、新潟平野と新潟市街、日本海などが望遠され息を飲む。北東部分はやぶに遮られており残念ながら飯《いい》豊《で》連峰を見ることができない。

下山路は来た道を戻ることになるが、余裕があれば五頭山へ縦走して赤安山《あかやすやま》を経由し、松平山を眺めながら赤安山登山口に下るのも良い。赤安山登山口から約800mで魚止めの滝駐車場に戻ることができる。

イワカガミが咲き誇る

立ち寄りスポット

出湯温泉共同浴場・華報寺共同浴場

☎ 0250-62-3863(出湯温泉共同浴場)
0250-62-3615(華報寺共同浴場)
住 阿賀野市出湯

出湯温泉は効能の高いラジウム温泉で、開湯からおよそ1,200年、弘法大師が五頭山を開いたとき、錫の杖を地に突いたところ、湯が湧き出たのが始まりといわれる。源泉100パーセントかけ流しで、出湯温泉街に2カ所の共同浴場がある。入浴料は大人200円、小人100円。

松平山山頂から五頭山、菱ヶ岳の展望

松平山

1：25,000 出湯　（平成 26 年 11 月 1 日発行）

500m　0　500　1,000　1,500

4月下旬、残雪の大蔵山（中央右寄りのピーク）

【五泉市】 おおくらやま

大蔵山

工友会
伊藤　直

下越の山々 19

登山 MEMO

標高

864.2m

登山口から山頂まで	2時間30分　難易度 ★★☆☆　適期 4月中旬〜11月中旬
交通	JR磐越西線猿和田駅から林道ゲートまで約3.5ｋｍ（徒歩で約50分）。
マイカー	国道290号中川新交差点から「いずみの里」方向へ標識に従って1.5km。駐車場は約40台。
水場	いずみの里手前の吉清水を利用。大蔵山尾根道、菅名岳縦走路に水場はないが、菅名岳の中腹に「どっぱら清水」あり。
トイレ	林道ゲート前駐車場に仮設トイレあり。
最寄りのコンビニ	登山口付近にコンビニなし。事前準備が無難。
アドバイス	①6月上旬から10月上旬まではヤマヒル対策（ヒルの入り込まない服装など）が必要。ヒル忌避剤、塩水スプレーなども用意すると良い。特に新江沢コースはこの期間は避けたほうが無難。②西ノ沢林道から4合目に至る尾根コースは登山道荒廃のため通行禁止となっている。
問い合わせ	五泉市商工観光課　☎0250-43-3911

19 大蔵山【五泉市】★★☆☆

大蔵山は菅名《すがな》山塊の一角を占め、阿賀野川を挟んで五頭《ごず》連峰と対峙している。
国土地理院の2万5千分の1地形図に登山道の記載はないが、しっかりとした登山道が付けられ、よく整備されている。
都市近郊にありながらブナ、トチ、カツラなどの大規模で原生的な自然林が残されている。
また、蒲原平野とその中を蛇行する阿賀野川、早出川や五泉、新津、新潟の市街などの雄大な景観を俯瞰し、粟ヶ岳《あわがだけ》や川内《かわち》山塊を間近に見ることのできる良い展望台になっている。

コースガイド

いずみの里入口を右に見て林道を行くとすぐにゲートがあり、その脇が40台ほどの**駐車場**❶となっている。

歩き始めは杉木立の林道を行く。右下には新江沢（幅沢）が流れている。右の川原に**大蔵尾根コース登山口**❷の大きな看板がある。新江沢を木橋で渡って急な杉植林の尾根道に取り付く。ほどなく山の神の祠《ほこら》があり林道に登りつく。ここで左斜め向かいの**登り階段**❸に取り付く。右に林道を行くと沢コースになるが、現在は通行禁止になっている。

薄暗い杉植林地にジグザグに切られた急坂を標高差200mほど登ると道は緩やかになり、2合目に着く。この辺りからホオノキ、コナラ、ブナなどの広葉樹が交じってくる。3合目付近から4合目まではブナの大木の立ち並ぶプロムナードだ。春先にはイワウチワが一面に咲いて美しい。**4合目**❹で沢コースから来る道と合流するが、先述の通りこの道は荒廃のため通行禁止だ。

山頂へは、ブナの高木の自然林の中の緩やかな道をさらに登っていく。低木層にユキツバキ、エゾユズリハ、ヒメアオキ、オオカメノキ、オオバクロモジなどが繁茂している。**6合目**❺は北西側を広く刈り払った展望台となっている。蒲原平野、阿賀野川、早出川、新津丘陵、角田山《かくだやま》、佐渡、五泉から新潟の市街地が一望だ。ただし、この付近、西側斜面の自然林が稜線際まで伐採され、杉が植林されているのは惜しまれる。

7合目の上部は高木ブナに覆われた台地状になっている。その先から山頂まで急登とな

林道ゲート。手前が駐車場

るが、さほどの距離ではない。急がずゆっくり登ろう。8合目からは樹高が次第に低くなり、山頂近くになるとねじけたブナの低木林となり、ハイイヌガヤなどが交じっている。林床には5月中旬から下旬、イワカガミが咲いている。

山頂❻は20人が休めばいっぱいになるほどの広さで、鐘が釣り下げられた大きな標識が立てられている。ここからは平野側の眺望に加え、日本平山《にほんだいらさん》、白山《はくさん》から粟ヶ岳、さらに青里《あおり》岳《だけ》、五剣谷《ごけんや》岳《だけ》などの川内山塊が眼前に連なり、五頭連峰や飯《いい》豊《で》連峰も望まれる。ここから三五郎山《さんごろうやま》、菅名岳、鳴沢峰へブナの低木林の縦走路が続いている。三五郎山からは風越山、不動堂山《ふどうどうやま》への菅名山塊主脈稜線が延びている。

3合目から4合目のブナのプロナード部

大蔵山山頂標識と釣り鐘

山頂から蒲原平野の眺め

ヤマヒルのいる時季や沢の増水時でなければ、復路は菅名岳へ縦走し、丸山尾根の椿平から新江沢へ下り、トチ、カツラ、サワグルミの自然林の幽玄な雰囲気を味わい、トチの大木や「どっぱら清水」の湧き口をのぞいていくのも楽しい。この場合は、駐車場までの所要時間を3時間（休憩含まず）見ておくと良い。

立ち寄りスポット

さくらんど温泉

☎ 0250-58-1611
住 五泉市上木越甲 423-1

ぬるめの源泉湯をゆっくり楽しめる日帰り温泉施設。浴室には大小二つの浴槽とサウナ、露天風呂があり、眺めが異なる「黄金の湯」と「さくらの湯」が月初めに男女入れ替わる。大人（中学生以上）700円。小学生300円。

大蔵山

1：25,000 馬下（平成28年4月1日発行）・村松（平成21年8月1日発行）

500m　0　500　1,000　1,500

コースMAP

参考タイム

①林道ゲート前駐車場
▼10分
②大蔵尾根コース登山口
▼10分
③階段コース入り口
▼55分
④4合目
▼25分
⑤6合目展望広場
▼50分
⑥大蔵山山頂

下りは往路を戻って1時間35分

双耳峰の弥彦山（左）と多宝山

【弥彦村・長岡市】 やひこやま

弥彦山

越後吉田山岳会
山﨑幸和

下越の山々
20

登山MEMO

標高
634m

登山口から山頂まで	①②いずれのコースも1時間30分	難易度 ★☆☆☆	適期 3月上旬～11月下旬

①表参拝道	交通	JR弥彦線弥彦駅から彌彦神社まで約1.5km。
	マイカー	彌彦神社脇に大駐車場。
	水場	神社手水舎。
	トイレ	駐車場と山頂社務所脇。
	最寄りのコンビニ	弥彦入り口県道十字路にコンビニあり。
②妻戸尾根道	交通	マイカー利用。
	マイカー	県道2号線「スカイライン入口」の信号から2.1kmの林道を右折。400mほど進むと行き止まりで10台ほどの駐車場と案内板がある。
	水場	駐車場の沢水のみ。
	トイレ	コース上になし。
	最寄りのコンビニ	登山口付近にはない。①のコンビニを利用。
問い合わせ		弥彦観光協会 ☎0256-94-3154

20 弥彦山【弥彦村・長岡市】★☆☆☆

弥彦山は新潟県のほぼ中央、越後平野西側の海岸に連なる西蒲三山（角田山《かくだやま》、国上山《くがみやま》）の主峰として聳《そび》える。多宝山《たほうざん》（633・7m）との双耳峰であり、その秀麗な山容は広い越後平野のほとんどの地域から望見できる。それゆえ、太古より彌彦大神の神体山として民衆から崇められ、『万葉集』にも詠《うた》われている。

早春の山野草をはじめ豊富な植生、手頃な標高、登っては眺望絶佳と、佐渡弥彦米山国定公園の象徴的存在として多くの県民から親しまれている名峰である。

コースガイド

山頂へは東西南北から6コースあるが、南北の3コースは昭和50（1975）年春に伐開された西蒲三山縦走路の一部である。今回は東側彌彦神社からの最古の道と、南側妻戸尾根からの最新の道の2コースを紹介する。

①表参拝道

往古から山頂御神廟への登拝道で、かつては急峻《きゅうしゅん》で狭い尾根筋を一直線状に登る大変な険悪路であったが、信徒多数の奉仕で大改修され、明治20（1887）年完工した。おかげで、今は老若男女が容易に登拝できるようになり、家族連れの登山者も多い。

清水茶屋（右）から
七曲りの登りが始まる表参拝道

ロープェイ山麓駅への道を左折し、鳥居を通過すると間もなく、明治34年に建てられたという清水茶屋があり、通称「七曲り」の登りが始まる。つづら折り道が中腹の鳥居近くまで続く。鳥居を過ぎると要注意の岩場となり、谷側に柵があるが油断は禁物だ。

ようやく視界が開ける里見の東《あずま》屋《や》を過ぎると、7合目の「御神水」。そして、稜線に出れば9合目で日本海と佐渡が一望の下だ。北は展望ビルにロープウェイ山頂駅、多宝山へと続く。南の主稜が最後の登りで、テレビ塔数基を通過して山頂の鳥居に到着。鳥居脇に『万葉集』では最北の「弥彦山」歌碑がある。山頂御神廟に参拝を終えたら、県下一の大展望を堪能しよう。ここから県境と佐渡の山々が170座も確認されている。

折り返し、多宝山との中間の大

平山を訪れると、草原に高頭仁兵衛翁寿像碑がある。明治時代から近代登山の発展に貢献された翁の遺徳を偲ぶ高頭祭と弥彦山松明登山を併称した「新潟県登山祭」が、毎年7月25日に開催され、60年余も続いている。この伝統行事が平成28年から「にいがた山の日」の主行事となった。

②妻戸尾根道

山頂から真南に張り出ている尾根を登る道で、昭和50年春に伐開された。弥彦スカイラインから林道に入り、駐車場脇の沢を渡ると登山口、急登で始まる。この沢の上部に大正時代まで鉢前銅山があって、昔から鉢前沢といわれていた。

道は冬の季節風で樹木が矮小であるため眺望も良く、静かで自然を満喫できることから、環境省「中部北陸自然歩道」に指定されている。急坂もあるが潅木帯の中を登る一本道で、迷うこともなく快適だ。多様な山野草や眺望を楽しみながら1時間余りで妻戸山に着く。頂には三等三角点(伊夜彦)があり、弥彦山山頂御神廟が直前に見える。早春と紅葉期に人気のコースである。

妻戸尾根から国上山を望む

多宝山と大平山草原にある「高頭寿像碑」(左)と東屋

立ち寄りスポット

弥彦桜井郷温泉　さくらの湯

☎ 0256-94-1126
住 西蒲原郡弥彦村大字麓 1970

湯量豊富、天然温泉 100%の日帰り温泉施設。源泉掛け流しの大露天風呂をはじめ、壷湯、寝湯、腰掛湯、ハーブ湯など、思い思いの湯浴みが楽しめる。入館料は大人 1,000 円、子ども 570 円。プラス 500 円で岩盤浴も。

弥彦山

1：25,000 弥彦山 (平成29年2月1日発行)

500m 0 500 1,000 1,500

県道９号線側から望む猿毛岳（奥のピーク）

【加茂市】さるげだけ

猿毛岳

新潟峯友会
小林　勇

下越の山々
21

登山MEMO

標　高
326.7m

登山口から山頂まで	１時間	難易度	★☆☆☆	適期	積雪期以外
交　通	JR信越本線加茂駅から市営バス下高柳方面元狭口下車。				
マイカー	国道403号から加茂川沿いの県道９号線で元狭口を目指す。日吉橋を渡ってすぐ右折、150mほど進むと駐車場（６台ほど）。				
水　場	コース中に水場はない。登山口に足洗い用の水がある。				
トイレ	登山口に仮設トイレあり。				
最寄りのコンビニ	県道９号線の桜沢にコンビニあり。				
問い合わせ	加茂市商工観光課　☎0256-52-0080				

21 猿毛岳【加茂市】★☆☆☆

五泉市から南方向を眺めると、護摩堂山《ごまどうやま》の南にひときわ丸い山頂の山が見える。これが猿毛岳だ。

国道290号を挟んで向かい側には冬鳥越スキー場がある。猿毛岳にもかつてスキー場があり、にぎわいを見せていた。昭和30年代後半に開業し、雪不足の影響からだろうか、昭和50年代に幕を下ろしたという。

山の標高は326・7mと高くないが、山頂付近からの展望はなかなかのものだ。飯豊《いいで》連峰から越後三山、佐渡の山並みが一望できる。

コースガイド

加茂市の中心部から県道9号線で加茂水源地方面に向かう。加茂水源地は粟ヶ岳《あわがたけ》の登山口だ。市営バスの元狭口停留所の少し先、加茂川に架かる日吉橋（幅が車1台分の狭い橋）を渡り、すぐ右の細い道を進むと駐車場である。この細い道は、蒲原鉄道の線路跡である。**登山口の駐車場❶**は6台ほどの広さで、きれいに刈り払いがされている。仮設トイレがあり、猿毛岳登山コース概略図の看板も設置されている。この地点の標高は40mだ。

冬鳥越スキー場からの猿毛岳

登山道は日吉神社を経由し、尾根をたどって山頂に至る。登山口駐車場から急な階段を一気に登って日吉神社に出る。神社の右手にはひなびた能楽堂があり、登山道

登山口には足洗い場もある

は神社と能楽堂の間につけられている。

神社から先は大きな杉林で、階段状の道を行くと、爽やかな竹林に入る。道なりに進み、左にカーブすると平坦な所に出る。ここが**標高255mの中間点**❷で、登山口からここまで35分ほどだ。

中間点からは雑木林となり、緩やかな登りが続く。広葉樹の中を気持ち良く進んでいくと、25分で**山頂**❸である。なお、山頂までは要所に標柱が立てられており、「9―5、9―6、9―7…」と番号が振られ、行程の目安となる。

山頂には立派な山小屋が建てられているが、地元の方が市の許可を得て建てたとのこと。雨のときにはとても助かる。山頂付近からの眺望は素晴らしく、守門岳《すもんだけ》や粟ヶ岳が眼前に、弥彦山《やひこやま》と角田山《かくだやま》が新潟平野に浮かぶ。

山頂の猿毛小屋

日吉神社

立ち寄りスポット

加茂 美人の湯

☎ 0256-41-4122
住 加茂市大字宮寄上 13-1

「美人の湯」と名付けられているだけあって、肌触りの優しいなめらかな泉質が自慢。開放的な露天風呂をはじめ、大浴槽や泡風呂、サウナなど設備も多彩。休憩用の大広間は300畳で、ゆったりとくつろげる。入浴料は大人800円、小学生300円。

粟ヶ岳が眼前に迫る

猿毛岳

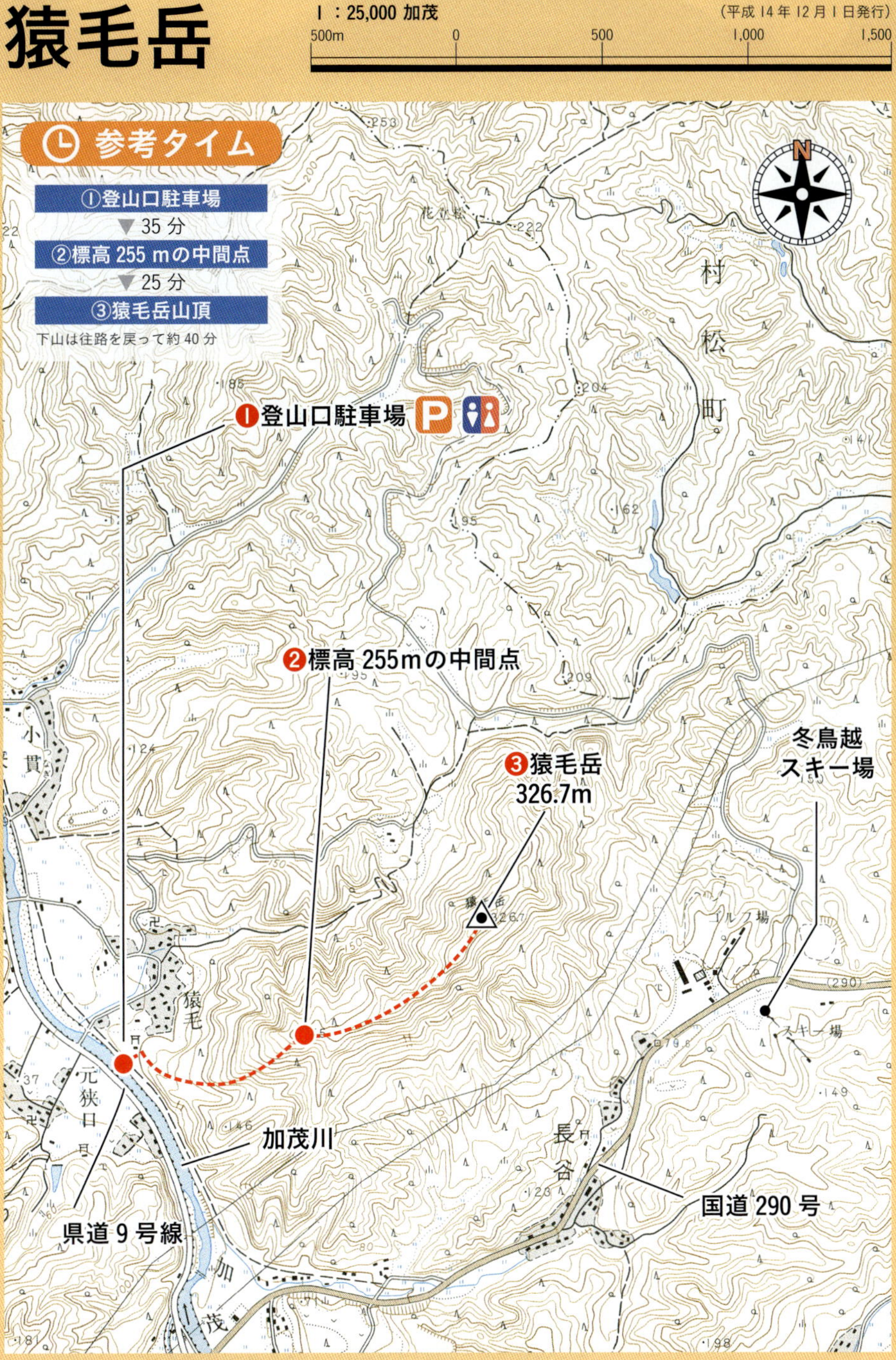
1：25,000 加茂
（平成14年12月1日発行）
500m 0 500 1,000 1,500
参考タイム
①登山口駐車場
▼35分
②標高255 mの中間点
▼25分
③猿毛岳山頂
下山は往路を戻って約40分
❶登山口駐車場
❷標高255mの中間点
❸猿毛岳
326.7m
冬鳥越
スキー場
加茂川
県道9号線
国道290号
村松町
小貫
猿毛
元狭口
長谷
加茂

大池からの番屋山

【三条市】 ばんやさん

番屋山

下越の山々
22

見附山岳会
井口礼子

登山MEMO

標高
933.3m

登山口から山頂まで	1時間35分　難易度 ★★☆☆　適期 5月下旬〜11月初旬
交通	JR信越本線東三条駅からタクシー利用で吉ヶ平山荘まで1時間。バスは東三条駅から八木ヶ鼻温泉行きがあるが、バス停から歩く距離・時間を考えるとタクシーかマイカー利用が良い。
マイカー	北陸道三条燕ICから吉ヶ平山荘まで約70分。吉ヶ平山荘前に駐車場あり（30台ほど）。
水場	吉ヶ平山荘を利用。
トイレ	吉ヶ平山荘を利用。
最寄りのコンビニ	付近にコンビニや売店はない。事前準備が無難。
アドバイス	①遅場を過ぎてからゲート（冬季用）があり、積雪状況により開閉時期が変わるため残雪期および初冬期は確認のこと。②登山口に登山届のポストはない。
問い合わせ	三条市経済部営業戦略室観光係　☎0256-34-5511

22 番屋山【三条市】★★☆☆

番屋山の懐にある吉ヶ平は遠い昔、八十里越《はちじゅうりごえ》の宿場町として、会津と越後を結び人々が往来していた所であり、また、源氏の落人が長い間暮らしていた土地でもある。

測量のための道が整備され、登山道として登られるようになった。守門《すもん》川に架かる樽井橋は過去、幾度となく豪雨で流されたそうである。

吉ヶ平山荘は平成27年に改築された。

番屋山には現在、多くの登山者が訪れている。

コースガイド

吉ヶ平山荘前❶を出発し、守門川に架かる樽井橋を渡り、坂を少し登ると左手に昭和3（1914）年10月に村人により再建立された、伊豆守源仲綱公の墓所がある。

間もなく登山道が二股に分かれる**分岐**❷に石塔が立っている。石塔には「馬場跡（標高470m）、左・雨ヶ池《まごいけ》1・0km、右・鞍掛峠13・4km」と刻まれている。右は八十里越への登山道で福島県の入叶津まで続いている。左の雨生ヶ《まおいが》池《いけ》へ進む。こんもりとした杉林の中の道は苔むして滑りやすい。ブナ林が現れると雨生ヶ池が近い。

雨生ヶ池❸は数百年もの間、ブナの原生林に育まれた自然湖である。標高555mに位置し、湖面に木々を映し出している。ブナの幹は太く、高くそびえ、静寂な時が流れる。

この先も見事なブナ林は続く。布倉沢との分水嶺を通り、布倉沢側につけられた登山道を歩くころから登りとなる。杉林の中に白い標柱が立っており、番屋山へは右

馬場跡（番屋山と八十里越の分岐）

吉ヶ平山荘と駐車場

布倉沢分水嶺のブナ林

に曲がる。ここから急登が始まる。足場の悪い箇所にはロープが取り付けられているので、焦らずに登ろう。急登が終わり、傾斜が緩くなってくると、左手に粟ヶ岳《あわがだけ》や布倉大橋が架かる大谷ダムが見える。福島県の只見町叶津へ続く国道289号である。現在も新潟県側と福島県側で工事が進められている。

番屋山山頂

　二等三角点のある**山頂**❹はあまり広くない。東側に入ると下方に雨生ヶ池が見える。目の前の守門岳のたおやかでかつ雄大な姿に感激もひとしおである。

　下山は往路を戻る。雨生ヶ池までは50分くらいである。ロープの箇所は登山道が濡れているときは特に滑りやすいので、慎重にゆっくり下ろう。ブナの原生林、雨生ヶ池、杉林を過ぎれば八十里越の分岐の「馬場跡」である。緩やかに下り、樽井橋を渡れば吉ヶ平山荘に着く。

　時間に余裕があれば片道20分ほどの「大池」まで足を延ばし、より静寂な「大池」からも見守られている番屋山を、ぜひ、眺めてほしいものである。

立ち寄りスポット

八木ヶ鼻温泉　いい湯らてい

☎ 0256-41-3011
住 三条市南五百川 16-1

登山口の吉ヶ平山荘から国道289号に出たら右折し、守門川にかかる橋を渡ると左手にある。名勝「八木ヶ鼻」を望む絶好のロケーション。粟ヶ岳（五百川ルート）の登山者らにも利用されている日帰り温泉。入浴料は大人850円、子ども（小学生）600円。

番屋山

1：25,000 光明山　（平成 28 年 2 月 1 日発行）

500m　0　500　1,000　1,500

コースMAP

栃尾郊外から大平山

【長岡市】 おおひらやま

大平山

朝路の会
浅野亘寛

中越の山々
23

登山MEMO

標高
599m

登山口から山頂まで	1時間20分	難易度	★☆☆☆	適期	4月下旬～11月上旬
交通	越後交通栃尾バスターミナルから軽井沢、一之貝方面行き北荷頃高寿館前下車、もしくは半蔵金方面行き中崎下車。ただし、バスの運行時間や登山口へのアプローチを考慮するとマイカーが良い。				
マイカー	十が坂下の駐車場までのアクセスは「コースガイド」を参照。7～8台駐車可能。				
水場	コース上に水場はない。				
トイレ	十が坂下の駐車場にあり。				
最寄りのコンビニ	付近にコンビニはない。事前準備が無難。				
アドバイス	紅葉のシーズンは10月下旬～11月中旬。				
問い合わせ	長岡市栃尾支所農林課　☎0258-52-5847				

23 大平山【長岡市】★☆☆☆

おおひらやま―眺めてなんとなく名前の由来が納得のゆく山容だ。広い頂上と穏やかな姿は、いかにも故郷の里山といった感じである。
大平山は長岡市街から望む青い山脈、東山《ひがしやま》連峰の北端に位置する。東山連峰は鋸山《のこぎりやま》を盟主とし、標高500～700mの山々が南北に連なる。長岡の平野部と古志、魚沼の中山間部を隔てる山並みだ。鋸山からは北東に鬼倉山《おにくらやま》、五百山《ごひゃくやま》、大平山と続き、これらの山々は西側に矢津川を生み、山を挟んだ東側の西谷川と相まって豊かな丘陵と集落をつくっている。

コースガイド

大平山は、地元有志で結成された「大平山親緑会」が手入れをしている山だ。この会は、今回紹介する登山道の草刈りや枝打ちなどを行うほか、自然観察会を開くなど、自分たちで楽しみながら山を守る活動を行っている。

大平山の起点は、長岡市（旧栃尾市）の一之貝にある「**十が坂下の駐車場❶**」である。この駐車場に向かうには、北荷頃の「高寿館前バス停」前の道、もしくは田之口手前の「ふれあいの森」のガイド板からの道で、車なら5分ほどで着く。

駐車場からは細い車道を歩く。十が坂の地名のごとく、各集落からの道が交差するが、迷うことなく直上すれば良い。

道幅は少し細くなっていくが、コナラ、クルミ、ホオノキなどに囲まれた気持ちの良い道だ。約20分で「十が坂」のガイド板と池のある**小広場❷**に出る。この小広場には駐車スペースがないので、ここまで車で来るのは控えよう。

十が坂から登山道に入る

池の左側の登山道に沿って小さな沢を少し不安定な丸太橋で渡る。100m先、右の尾根への取り着きに注意しよう。行き過ぎると西野俣に出てしまう。

取り着いてから5分ほどで主稜線に出、後は明瞭な登山道となる。登るにつれて一之貝、軽井沢の集落と東山連峰が近く、八方台、森立峠が確認できる。登山道の稜線近くまで耕作された棚田に感嘆しながら、一方で休耕田も目に付く。複雑な思

穏やかな尾根を行く

いに駆られながらも、豊作を祈る。

　春先には雪消えの所からカタクリが咲き始め、やがて見事な大群落となる。気を付けて見ていると若芽を食《は》んだのか木の幹にクマの爪痕が残っている箇所もある。自然豊かなこの山は、山麓の山菜の多さを見ても、地元の生活に溶け込み、愛されていることがよく分かる。

　高度を上げていくと、弥彦山《やひこやま》と日本海を隔ててまだ雪の残った佐渡の山々がくっきりと望見できる。

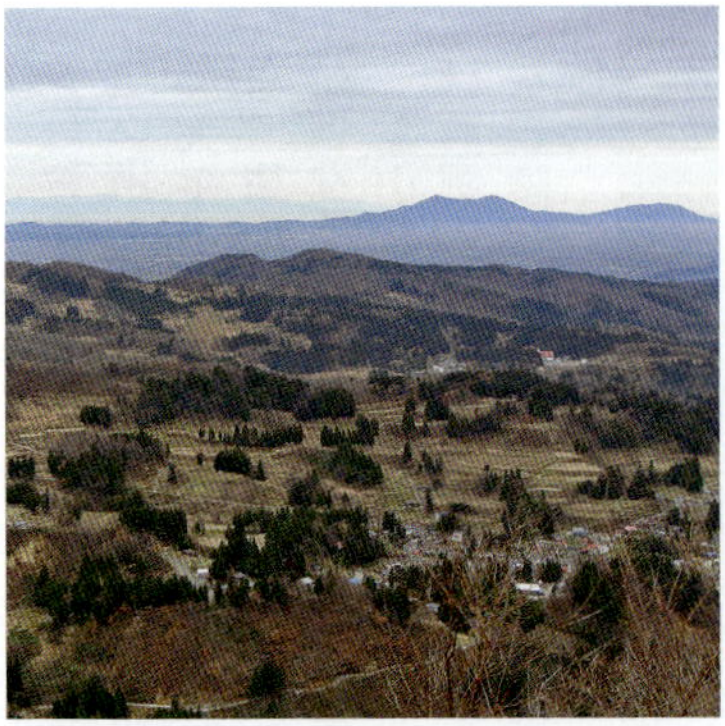
弥彦、角田と日本海に佐渡が見える

五百山と鬼倉山

やがて大平山の頂上が見えてくると、その奥に五百山と少し特徴のある鬼倉山が見えてくる。
　鬼倉山は酒呑《しゅてん》童子と盟友（舎弟）の茨木童子が京へ上る同志を募ったといわれる伝説の山だ。茨木童子は山麓の軽井沢の生まれとされている。伝説の舞台、平安時代の京の都は、特定の貴族が各地の領地を荘園化したため税収が上がらず、朝廷は疲弊、都もすべての面で荒廃していたという。芥川龍之介の小説に出てくる「羅生門」がその頃のすべての状況を表していよう。茨木童子らはまさかこの先、追い打ち、退治される側に回るとは思わず、青雲の志を抱いて京へ上ったのかもしれない。そんな思いにふけりながら歩くと間もなく**頂上**❸だ。
　春は足元に気を付けなければならないほどのカタクリの群落。広い開けた山頂は三等三角点の山とは思えないほど展望が楽しめる。休憩後は往路をゆっくり下れば良い。

大平山山頂からの守門岳

大平山

1：25,000 栃尾　（平成19年9月1日発行）

500m　0　500　1,000　1,500

参考タイム

①十が坂下の駐車場
▼20分
②十が坂の小広場（登山口）
▼1時間
③大平山山頂

下りは往路を戻って約55分

栃尾市街から望む鶴城山

【長岡市】 かくじょうさん

鶴城山

中越の山々 24

朝路の会
浅野亘寛

登山MEMO

標高
227.6m

周回コース所要時間	２時間25分	難易度	★☆☆☆	適期	４月中旬～12月上旬
交通	越後交通栃尾バスターミナルから宝光院登山口まで徒歩10分。				
マイカー	中央公園隣接の市営駐車場（一部有料）を利用。				
水場	駐車場隣接の中央公園内の水場。コース内は山頂直下トイレの外。				
トイレ	中央公園駐車場と頂上（本丸）直下に水洗トイレ（５月から10月下旬まで利用可能）。				
最寄りのコンビニ	付近にコンビニはない。事前準備が無難。				
アドバイス	紅葉シーズンは10月下旬～11月中旬。				

24 鶴城山【長岡市】★☆☆☆

鶴が両翼を広げた形に似ていることから付いた名は「鶴城山」。地元の人は親しみを込めて城山と呼んでいる。山全体が栃尾城址として新潟県指定文化財となっている。

南北朝時代、芳賀禅可《はがぜんか》がここを最適な要塞地とみて城を築いたといわれている。また、名将上杉謙信公が、春日城へ入城するまでの13歳から19歳の間、躍動的な青春時代を過ごしたことで知られている。

当時はさぞかし堅固だったであろう要塞も、今は四季折々に花が咲き乱れ、訪れる人を魅了してやまない。

コースガイド

栃尾の中心部、中央公園に隣接する**市営駐車場**❶を出たら右方向へ行く。備橋を渡って宝光院の門柱を通り、参道脇の子育て地蔵を右に見て、車道から境内に入る。宝光院密厳寺とよばれる真言宗のこのお寺は、貞観年間、弘法大師の高弟の開山とされ、1000年をゆうに超える県内屈指の古刹だ。境内右手の慈母子育観音堂の右脇から山道に入る。

急な石段か、緩やかな巻き道を登るとちょっとした広場に出る。右手の杉木立を行くと明瞭な農道に出て、さらに5分ほどで車道に出合う。ここが**長峰口**❷で2〜3台駐車可能な広場となっている。

左手のガイド板がある階段状の登り道はじかに展望台に登りつく。今回は30m先で細い側溝をまたぎ尾根道を行こう。灌漑《かんがい》用池だった湿地を右に回ると明瞭な登山道となる。ブナ、コナラの木々が落とす柔らかな日を浴びながら、少し進むと左に勾配を上げて登山道が延びている。右手下方に大野、土ヶ谷方面への車道が尾根とほぼ並行に走っている。登山道はますます明瞭となり迷う所はない。気持ちの良い登りが続き、新緑の頃はブナの若葉の柔毛をひるがえして通りぬける風が、ほてった体にはなんとも涼やかに感じる所だ。

この山は四季折々の花々も豊富で、地元の人たちが大切に登っている。春にはタムシバやイワウチワ、

秋葉神社から見る鶴城山本丸

イワカガミ、ミツバツツジ、スミレの類いが目を楽しませてくれる。

登りが緩やかになると、左から長峰口からの登路と合流する。間もなく展望台で小さな鐘がある。明瞭な尾根筋を行くようになると、五島丸、三の丸とそれぞれが堅塁な陣だったコースを行く。大小の空堀を経て東屋《あずまや》のある松の丸に着く。ここまで来ると山全体が堅固な要塞だったことがうかがえる。

大きな空堀に守られた本丸へは右手の山腹に沿った道を行く。清潔に管理されたトイレ、水場の前を登る。右手に東屋のある二の丸を分けた鞍部となる。左手が**本丸**（**頂上**）❸だ。小さな鎮魂の鐘、大山さまの石祠、案内板、三角点のある気持ち良さそうな芝の広場だ。柵のない西側の懸崖に気を付けよう。正面に白山《はくさん》、粟ケ岳《あわがたけ》、青里岳《あおりだけ》、矢筈岳《やはずだけ》、守門岳《すもんだけ》と雄大な眺めが展開する。眼下には栃尾の市街地が手に届きそうだ。

下山は鞍部を市街地に向かって下り、二股の左はサクラが見事な千人溜り、諏訪神社に下る三光口。右は600段の階段を爽快に下る岩の鼻口へのルートで、いずれも城山へのメインのコースだが、鞍部から右手に下り、ガイド板に沿って**狼煙台**《のろし》❹経由の尾根道から車道へ。見事なサクラの花びらを浴びて**大野**❺へ下り、市街を出発地まで戻るのがお勧めだ。

花咲く遊歩道から市街地を見る

大野口へ下山途中、
サクラ並木越しに見える守門岳

千人溜りのサクラ園

コースMAP

鶴城山

1：25,000 栃尾　（平成19年9月1日発行）

500m　0　500　1,000　1,500

秋の鋸山

【長岡市】 のこぎりやま

鋸山

長岡ハイキングクラブ
渡辺鉄男

中越の山々
25

登山MEMO

標高
765.1m

登山口から山頂まで	1時間30分	難易度	★☆☆☆	適期	4月下旬～11月下旬
交通	JR信越本線長岡駅東口から栖吉行きバス終点下車、花立峠登山口まで約3km。大入峠登山口までは約7.5km。				
マイカー	長岡市街から国道352号で栖吉方面へ。花立峠登山口の駐車場は約30台、大入峠登山口は道路脇に10台ほど駐車可能。				
水場	花立峠登山口のすぐ50m先に天狗清水。				
トイレ	花立峠登山口の駐車場に簡易トイレ。				
最寄りのコンビニ	登山口付近にコンビニはない。事前準備が無難。				
アドバイス	中間点の旧水場は中越地震以後枯渇したままである。				
問い合わせ	長岡市スポーツ振興課　☎0258-32-6117				

25 鋸山【長岡市】★☆☆☆

鋸山は県のほぼ中央に位置し、長岡市の東山《ひがしやま》山地にあり、主稜上の最高峰である。
山頂には一等三角点が設置され、山仲間の手による方位盤も据えられており、眺望は抜群だ。眼前に越後三山や守門岳《すもんだけ》が望め、振り返れば海岸線に米山《よねやま》や弥彦山《やひこやま》、その奥に佐渡も望める。
市民からは「東山《ひがしやま》」と呼ばれて親しまれており、地元では「のこぎりやま」ではなく、「のこぎりさん」と呼ばれている。

コースガイド

鋸山の登山口は2カ所。栖吉《すよし》から花立峠《はなたて》を通るコースと真木《まぎ》林道経由で大入《おおいり》峠から登るコースがある。ここでは栖吉から花立峠経由のコースを紹介したい。

マイカーの場合、国道352号で栖吉に向かう。栖吉バス停からしばらく行くと、道はV字に分かれる。左へ行くと大入峠登山口となるので、ここは直進して約5分、**花立峠登山口**❶に着く。

鋸山登山口の標柱から歩き出してすぐ階段を上った所に天狗清水がある。上部での給水はできないので、ここで水を補給する。

天狗清水

水場から緩い傾斜の道を進むと、途中30mほど登る巻き道となる。これは平成16（2004）年の中越地震で道が崩落したためだ。10分ぐらいで広い沢に出合う。地元山岳会の手により架けられた頑丈な橋を渡り、ここから登りにかかる。

沢に架かる頑丈な橋

橋を渡った目の前に「鳥滝」の看板があり、「ここより登山道3分、左へ30m滝見台」とあるので、立ち寄るといい。ここはミズバショウの群生地で、雪解けを待って純白の花が迎えてくれる。登山道は昔の田んぼ道で狭く、石が多いので足元に気を付けて歩こう。急勾配のジグザグを過ぎると間もなく**大モミジ**❷の休み場だ。

ひと息ついたらモミジの木陰道を抜け、15分ほどでコース中間の**旧水場**❸に着く。ここの水は中越地震後に枯れ、利用できなくなった。次の休み場、花立峠まではおよそ20分の行程だ。**花立峠**❹の広場の一角には堂々たる道標が設置されており、これは長岡工業高校山岳部が花立峠から萱《かや》峠までの尾根を切り開き「長工新道」を完成させた記念碑だ。振り返れば長岡の市街地を信濃川が東西に分けて悠々と流れ、その先には小木《おぎ》の城《じょう》を中心とした西山連峰が帯状に連なっている。

ミズバショウの群生地

　ひと息入れたらワンピッチ約25分で頂上である。歩き出してすぐに分岐があり、直進すると半蔵金《はんぞうがね》に下る。ここは標識に従って左へ、ブナの樹林帯を、森林浴を楽しみながら歩こう。頂上付近は名前の通り鋸歯状の尾根のアップダウンを繰り返し、一等三角点の標石のある**頂上**❺に着く。山頂はさほど広くないが、東山の最高峰にふさわしく眺望は素晴らしい。

大モミジ

　下山は往路を戻れば1時間ほどで登山口に着く。北に縦走して大入峠に下る場合、途中の岩場や鎖場に十分注意を払い、ブナの原生林を下っていく。およそ30分で舗装された車道（真木林道）に出る。ここから栖吉バス停までは約7・5km、1時間20分の行程だ。往路を下るか、縦走するかは、体力と足に聞いて決めると良い。

花立峠道標

鋸山

1：25,000 半蔵金　（平成27年6月1日）

500m　0　500　1,000　1,500

参考タイム

①花立峠登山口
▼30分
②大モミジ
▼15分
③旧水場
▼20分
④花立峠
▼25分
⑤鋸山山頂

帰路は往路を戻って約1時間。
大入峠に下る場合は山頂から約30分

両新田からの早春の時水城山

【小千谷市】ときみずじょうやま

時水城山

小千谷ハイキングクラブ
松井潤次

中越の山々 26

登山MEMO

標高 384m

登山口から山頂まで	①馬場清水登山口：約50分 ②両新田登山口：約1時間25分
難易度	★☆☆☆
適期	4月上旬～11月初旬
交通	JR上越線小千谷駅からタクシーを利用。越後交通バスは小千谷駅前から小千谷インターバス停下車、徒歩約３km。
マイカー	関越道小千谷ICから馬場清水登山口まで約３km、 駐車場あり（15台）。両新田登山口までは約1.5km、道路脇に２～３台駐車可能。
水場	馬場清水登山口の給水場を利用。
トイレ	馬場清水登山口にトイレあり。
最寄りのコンビニ	登山口付近にコンビニなし。小千谷IC周辺にスーパー、コンビニあり。
アドバイス	①馬場清水登山口駐車場は、水くみの人も含めて早朝は混雑していることがある。また、５～10月まで茶屋が営業しており、トコロテンなどを提供している。 ②両登山口間は徒歩20分程度なので、どちらかを起点にして周回するのも良い。
問い合わせ	小千谷市観光交流課　☎0258-83-3512 タクシーセンターおぢや　☎0258-82-2121

26 時水城山【小千谷市】★☆☆☆

国土地理院の地形図では「城山」が山名である。中世時代に「時水城」という山城があったことから、地域の人からは通称「時水城山」と呼ばれている。

時水城山は小千谷市西部と長岡市小国地域を南北に分けて走る西山《にしやま》山系と呼ばれる山地の主峰であり、小千谷市街地から西へ5kmほどに位置している。

この西山山系には遊歩道が整備されており、標高差の少ない登山道として多くの市民に親しまれている。

コースガイド

関越道小千谷ICを下りて左へ小国方面に向かい、最初の信号を左折して道なりに進む。程なく右側に西山山系両新田口の看板を見て、さらに時水清掃工場を目指して進むと工場手前に西山山系遊歩道の看板がある。これを右折し集落を抜け直進すると**馬場清水登山口❶**に着く。馬場清水は新潟県の名水に選定され、その昔「飲めば病気が治る」といわれたほどの名水で、水筒に詰めて出発したい。

正面の階段から登山道が始まり、開けた斜面に付けられた緩い坂道を登るとコナラやホオノキなどの落葉広葉樹林に入り、日差しを避けながら約20分で**中島への分岐点❷**に着く。さらに約15分で平坦な杉林となり、北側は展望が開けて小千谷市街地や丸山方面の稜線が見える。この先に**お茶の水❸**の案内板があり、左に約2分で水場がある。ここから急登となり滑りやすい箇所もあるが、所々で開ける展望を楽しみながら、約15分の頑張りで**時水城山の山頂❹**に着く。

山頂には小さな石仏が置かれ、直下には東屋《あずまや》もあり良い休憩場所となっている。駐車場からゆっくり登って約50分の行程で、登山道の道幅も2~3mと歩きやすい。山頂からは東側に小千谷市街地、東山《ひがしやま》連峰、越後三山、巻機山《まきはたやま》、南側には苗場山《なえばさん》や妙高山《みょうこうさん》など上信越国境の山々、北側には弥彦山《やひこやま》や角《かく》田山《だやま》、西側には八石山《はちこくさん》、刈羽黒姫《かりわくろひめ》山《やま》、米山《よねやま》など、天気が良ければ日本海から佐渡も望める。

両新田登山口❶は、西山山系両新田口の看板を右折して直進する

馬場清水登山口の給水場

とＪＡ育苗センターの先にあり、道路脇に2〜3台ほど駐車が可能だ。車道の先の案内板から緩い峠道を登っていくと、約20分で**両新田と地獄谷の分岐**❷となる。ここから右に巻いて付けられた峠道を登り、水場を過ぎると約20分で**桐沢峠**❸に着く。スペースがあるので休憩ポイントに良い。ここから石仏のある遊歩道を丸山への急登となるが約10分で着く。**丸山山頂**❹は広くはないが、三角点があり、時水城山と同じ眺望が楽しめる。

時水城山山頂

ここからはあまり高低差のない低潅木の稜線に整備された遊歩道を進む。景色を見ながら約20分で**下村への分岐点**❺だ。早春には満開のカタクリの群生が見られる。この先、ややザレた崩壊地があり、登りとなる。2カ所ほどロープの設置された場所があるが、巻き道もあり、約15分で**時水城山の山頂**❹に着く。

山頂よりカタクリと越後三山遠望(写真提供：瀬沼賢一)

丸山から時水城山への遊歩道

湯どころ　ちぢみの里

☎ 0258-81-1717
住 小千谷市稗生甲 1670-1

国道 17 号沿いにある天然温泉。薄茶色の塩分を含むトロリとした泉質で体の芯まで温まる。高台に作られた展望露天風呂では、市街地と西山山系が望める。レストラン、特産物販売所もあり、湯上りに名物小千谷そばを賞味したい。入浴料は大人 900 円、小学生 500 円。

コースMAP

時水城山

1：25,000 小千谷市　（平成22年2月1日発行）

500m　0　500　1,000　1,500

参考タイム

①馬場清水登山口	①両新田登山口
▼20分	▼20分
②中島分岐	②両新田分岐
▼15分	▼20分
③お茶の水	③桐沢峠
▼15分	▼10分
④時水城山山頂	④丸山
	▼20分
	⑤下村分岐
	▼15分
	④時水城山山頂

下りは「時水城山山頂→10分→お茶ノ水→10分→中島分岐→15分→馬場清水登山口」となる

干溝地区より望む大力山

【魚沼市】 だいりきさん

大力山

中越の山々 27

小千谷ハイキングクラブ
松井潤次

登山MEMO

標高
504m

登山口から山頂まで	1時間	難易度	★☆☆☆	適期	4月下旬～10月下旬
交通	JR上越線小出駅から浦佐駅東口行きバス干溝下車、宝泉寺まで徒歩約10分。または小出駅から宝泉寺までタクシー。				
マイカー	関越道小出ICから国道291号経由宝泉寺登山口まで約2km。干溝集落入り口道路脇に駐車スペースあり（6～7台）。				
水場	コース途中に水場はない。				
トイレ	登山口付近にトイレはない。響きの森公園内のトイレを利用。				
最寄りのコンビニ	小出IC出入り口正面にコンビニあり。				
アドバイス	①クモの巣が多く、巣払い用に杖など必携。②大力山から先はやせ尾根や階段とロープの設置された空濠の登降があり注意が必要。③道標は要所に設置されているが、集落に下りる道が多いので注意。				
問い合わせ	魚沼市商工観光課 ☎025-792-9754 さわやかタクシー ☎025-792-4141				

27 大力山【魚沼市】★☆☆☆

天然の城壁のような程良い山懐に抱かれた大力山は、麓《ふもと》から望む姿が干溝《ひみぞ》富士とも呼ばれるほど形が整っており、頂上からの展望も良い。
ユニークな山名は地名に由来するらしいが、登り切れば体力に自信が湧いてきそうだ。登山道は中部北陸自然歩道「板木城跡こぶしの道」としてよく整備されており西福寺まで続く。
標高は低いが越後三山に連なる山域で、魚沼の山々や街並みを眺めながら歩くことができる。里山ハイクの手頃なコースとして多くの人に親しまれている。

コースガイド

登山口はいくつかあるが、ここでは宝泉寺口を起点としたコースを紹介したい。

関越道小出ICを降りて右折、国道291号を南魚沼方面に進む。干溝バス停先を左折し集落に入ると道路の左側に駐車スペースがあり、道路を挟んだ**宝泉寺**❶に案内板の立つ登山口がある。

登山道は杉林の中をいきなり急な登りで始まる。西国三十三番観音の石仏が配置された道をひと登りで「**秋葉堂**❷」の立つ広場に出ると、ここで毘沙門堂からの参道と合流する。緩い尾根を進むと鉄塔下に出て、さらに左の尾根に向かってプラ製階段を登り切ると**水道山口分岐**❸で視界が開けてくる。春先はブナの新緑がまぶしく、足元にカタクリやイワウチワ、見上げればタムシバの白い花やヤマツツジなど里山の花々が満開となる。

7合目からは左にロープのある視界の良い尾根道（昇新道）と右の沢道（ふなくぼ）に分かれるが数分で合流し、左に曲がってやや長い階段を登り切ると9合目だ。ひと息で低潅木帯を抜けると一気に視界が開け、平坦で広い**頂上の一角**❹に出る。眼前に越後三山、振り返れば遠くの山々が幾重にも見渡せ、魚沼の田園風景も美しい。最高点は504mで数分先だ。

頂上の東屋《あずまや》で休憩したら往路を戻って宝泉寺口に下山するもよし、葎沢《むぐらさわ》口や大浦開山堂口に足を延ば

宝泉寺登山口

すのも良い。頂上から先に10分ほど下ると黒禿《くろはげ》の頭《かしら》への分岐で、ここは右折して城山《しろやま》方面へ進む。低い潅木に覆われた急な階段を下り、クモの巣と格闘しながら空濠《からぼり》を2カ所通過、30分もすると湯谷城跡の手前に葎沢口への分岐がある。ここから葎沢口へはさらに30分の行程だ。

大浦開山堂口へは分岐を直進し10分ほどで湯谷城跡に上がる。低潅木の尾根上に整備された遊歩道は見晴らしも良く、左に南魚沼、右に魚沼方面の展望を楽しみながら歩く。次々と空濠の登降を繰り返し、15分ほどで杉木立に囲まれた板木城跡に着く。ベンチや案内板が設置された木陰の中、絶好の休憩ポイントだ。この先はテレビ塔に向かって進み、大浦開山堂口の西福寺まで50分ほど下る。下山後に山堂の堂内に施された石川雲蝶の彫刻を拝観すれば、さらに価値のある一日となろう。

大力山山頂より八海山を望む
(写真提供：磯部剛)

空濠の登り

大力山山頂の東屋。展望の休息ポイント

立ち寄りスポット

見晴らしの湯　こまみ

☎ 025-792-8001
住 魚沼市青島 2083-1

駒見山の麓に位置し、その名の通り駒ヶ岳、中ノ岳、八海山を眺めるのに最適な日帰り温泉施設。泉質はすべすべ、柔らかで女性に優しい美肌の湯だ。入浴料は大人 600 円、子ども 300 円、シルバー(70 歳以上)500 円。

大力山

1：25,000 小出　（平成 19 年 9 月 1 日発行）

500m　0　500　1,000　1,500

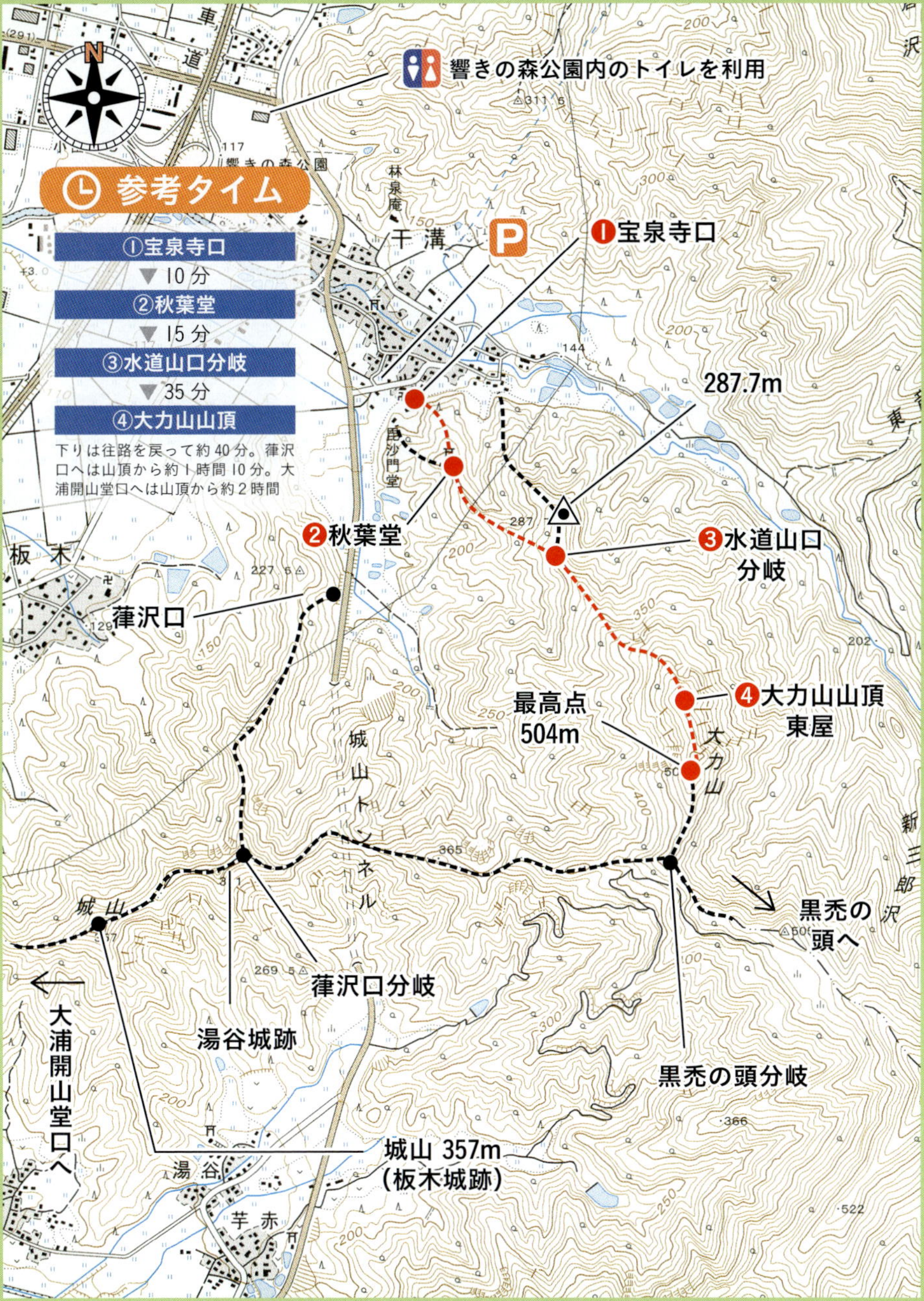

①５合目から見た明神峠　②開高健の記念碑　③登山口の１合目「石抱」　④三等三角点のある明神峠
⑤「中の水」付近のブナ林　⑥下山口の１合目「坂本」

【魚沼市】　みょうじんとうげ・ぎんのみち

中越の山々 28

明神峠・銀の道

見附山岳会
井口光利

登山MEMO

標高
明神峠
1,235.9m

登山口から山頂まで	２時間10分（石抱橋から明神峠まで）　難易度 ★☆☆☆　適期 ５月中旬～11月上旬
交通	JR上越線小出駅から銀山平行き定期バス利用。またはタクシーで50分。
マイカー	関越自動車道小出ICからシルバーライン経由で約50分。石抱橋付近に10台ほどの駐車スペースあり。
水場	３合目「オリソ」脇の沢水。
トイレ	登山口の石抱橋たもとの銀山北ノ又川監視所隣にあり。
最寄りのコンビニ	登山口付近にコンビニや売店なし。国道352号吉田交差点から大湯方面に進むと右側にコンビニあり。
アドバイス	①「石抱橋→明神峠→坂本」の峠越えをする場合、車１台を下山口に置いておくと良い。②2016年の取材時、明神峠から坂本への下りで数カ所崩落しており、通行に注意。③至る所にブナ林が広がり、新緑（６月上旬）と紅葉（10月中旬）の時季が特にお勧め。
問い合わせ	魚沼市商工観光課　☎025-792-9754 南越後観光バス小出営業所　☎025-792-8114

28 明神峠・銀の道【魚沼市】★☆☆☆

銀の道には、平安時代の末期、尾瀬三郎房利が京を追われ、尾瀬へ逃げ延びたという伝説が残る。
その伝説から500年後、銀の鉱石が発見され、開山から220年余り、銀を運ぶ道として栄えた。
その後、銀山の衰退とともに通行は途絶えたが、昭和60（1985）年に湯之谷村が整備し「銀の道」として復活した。
当時、展望の良い所や水場などに自然と一服場《いっぷくば》（休憩場所）が生まれ、人々の語らいの場となっていた。それぞれの標柱に刻まれた名称に銀の道の歴史が感じられる。

コースガイド

銀山平側の石抱から10合目大明神まで標高差約440m、駒の湯から峠まで標高差約830m。どちらから登っても良いがここでは銀山平から明神峠を経て坂本に下るコースを紹介したい。

石抱橋のたもとの登山口に1合目「**石抱❶**」の標柱が立つ。銀山北ノ又川監視小屋の脇、北ノ又川の左岸の平坦な道を行く。左手にはこの地をこよなく愛した作家、開高健の記念碑「河は眠らない」がある。

10分弱で分岐となり2合目「榛《はん》の木」である。右に進み林道に出る。林道を横断すると3合目「**オリソ❷**」で、沢の右岸に付けられた登山道に入る。いよいよ登りが始まり、沢筋から尾根に向かってジグザグを繰り返すと4合目「十七曲り」だ。ここから細い溝状の登山道になる。踏み固められた道跡が当時のにぎわいを物語っている。

尾根に出ると正面に明神峠、後方には荒沢岳《あらさわだけ》が見え5合目「**松尾根❸**」である。左前方にようやく越後駒ヶ岳《こまがだけ》が見えてくる。ここからは尾根上になり、展望が楽しめる。右眼下には枝折《しおり》峠に続く国道352号が見える。6合目「ブナ坂」、7合目「焼山」を経て40分ほどで8合目「水場」である。かつての水場であり、左側斜面を少し下ると沢水が得られるが当てにできない。

4合目「十七曲り」上部。
細い溝状に踏み固められた登山道

8合目からすぐ9合目「**問屋場**❹」となる。当時は季節遊女までいたという。ここから5分ほどで枝折峠から越後駒ヶ岳に続く登山道に出る。左に進むとすぐに10合目「**大明神**❺」で、枝折大明神の社が立つ。山仕事や銀山普請の安全を願って木花開耶姫命《このはさくやひめのみこと》が祭られている。

10合目に立つ枝折大明神の社

右に駒ノ湯へ下る銀の道を分け、登山道をわずかに登れば三等三角点のある**明神峠**❻である。眼前が開け、小倉山《おぐらやま》から越後駒ヶ岳それに続く中ノ岳《なかのだけ》から兎岳《うさぎだけ》、荒沢岳の稜線が圧巻である。ここで十分展望を楽しんだら10合目「大明神」まで戻り、駒ノ湯側の「坂本」へ下ろう。

クロヅルやサワフタギの交じる潅木の中を15分ほど下ると展望が開け、9合目「日本坂」だ。日本中が見渡せるほどの展望ということでこの名が付いたという。

6合目「中の水」の先、
ブナの巨木に圧倒される

しばらく広い尾根のブナ林の中を進むと、6合目「**中ノ水**❼」である。ここから15分ほど下るとブナの巨木に驚かされる。3合目「楢の木」からは対岸の小倉尾根が目の前だ。2合目「目覚まし」から急坂を下ると車道に出る。ここが1合目「**坂本**❽」である。少し歩くと「駒の湯」から越後駒ヶ岳への登山口駐車場だ。

立ち寄りスポット

大湯温泉　交流センター ユピオ

☎ 025-795-2003
住 魚沼市大湯温泉 182-1

国道 352 号沿いの大湯公園内にある日帰り温泉施設。泉質は弱アルカリ性単純泉。浴槽は広くのんびりと入浴できる。入浴料は大人 500 円、子ども 250 円。

明神峠・銀の道

1：50,000 八海山　（平成19年8月1日発行）

1,000m　0　1,000　1,500　3,000

参考タイム

①1合目「石抱」
▼15分
②3合目「オリソ」
▼40分
③5合目「松尾根」
▼1時間
④9合目「問屋場」
▼5分
⑤10合目「大明神」
▼10分
⑥明神峠
▼5分
⑤10合目「大明神」
▼1時間
⑦6合目「中ノ水」
▼1時間30分
⑧1合目「坂本」

魚野川と坂戸山

【南魚沼市】 さかどやま

坂戸山

南魚山岳の会
笛木みどり、井　春文

中越の山々 29

登山MEMO

標高 634m

登山口から山頂まで	1時間20分　難易度 ★☆☆☆　適期 4月中旬～11月中旬
交通	JR上越線六日町駅から登山口まで約1.2km
マイカー	登山口に駐車スペース（十数台）と登山口の北方500mに駐車場あり（案内板もある）。路上駐車不可。満車時および冬季は南魚沼市ふれ愛支援センター駐車場を利用すること。
水場	登山口にあり。
トイレ	登山口にあり。
最寄りのコンビニ	登山口付近にコンビニはない。国道291号二日町橋東詰めと国道17号南魚沼警察署隣にコンビニあり。
アドバイス	①今回紹介する薬師尾根コースは階段部分が多い。②コース途中に水場はない。日陰も少ない。
問い合わせ	南魚沼市産業振興部商工観光課　☎025-773-6665

29 坂戸山【南魚沼市】★☆☆☆

坂戸山は巻機山《まきはたやま》から北西に延びる尾根の末端に位置する。山全体が城で、鎌倉時代に築かれたというが、戦国時代の長尾氏、上杉氏、直江兼続《なおえかねつぐ》ゆかりの城としての方がなじみ深い。名家北条氏、織田氏に攻撃されたが、いずれの時も落城は免れ、「落ちない城」としても有名である。
また、最近ではスカイツリーと同じ標高634mとして注目された(二等三角点は633・7m)。この標高は弥彦山《やひこやま》とも同じである。

コースガイド

早春から初夏にかけて登山道は花々に囲まれる。中でも代表的なのがカタクリである。雪解け直後、カタクリを求めてたくさんの人が訪れる。今回は薬師尾根から大城、小城を経て城坂遊歩道を下山するコースを紹介する。薬師尾根コースは一般的に登られるコースで「遊歩道」とあるが、歩幅の合わせにくい急峻《きゅうしゅん》な階段状の登降で、なかなか手ごわい。

登山口❶からまず目に入ってくるのが見事な桜並木。ソメイヨシノ、オオヤマザクラ、紅の濃淡のコントラストが美しい。3合目付近のオオヤマザクラの並木道、左方にはカタクリの群落がある。桜と同時に咲く年もある。その傍らに点々とある石仏は当時からのものであろうか。ここからいよいよ階段の急登が始まる。リズミカルに足を乗せて進む。北側急斜面のイワウチワ、タムシバが目にまぶしい。足元にはイワナシも見られる。

7合目半のベンチから8合目にかけては緩やかになり、520m付近で右から寺ヶ鼻コースが合わさる(**寺ヶ鼻分岐**❷)。9合目付近から再び松の根の階段の急登になるが、間もなく鎖と鉄の梯子《はしご》が現れる。「もうすぐ山頂」のサインである。これを越えると程なく本丸跡とされる広い**頂上**❸に着く。展望が良く魚沼の山々、谷川《たにがわ》連峰が一望できる。遠く火打山《ひうちやま》、妙高山《みょうこうさん》を望める日もある。早春にはここ

桜並木が出迎える

山頂から小城、大城

富士権現が立つ坂戸山山頂

から南東へ大城、小城へ足を延ばしても良いだろう。山頂とは違った趣があり、土塁跡と見られる丘にはカタクリが群生する。

下山は山頂に戻り城坂遊歩道を下る。杉林を少し進むと、小梨の大木が見えてくる。桃木平だ。この広場のカタクリの群落はコンパクトな桃源郷といったところだろうか。ここからは緊張感のあるやせてガレた下り坂がしばらく続く。悪天の場合は往路を戻った方が良いだろう。

やがて広く緩やかな下りになると杉の大木があり、さらに進むとまたしてもカタクリの群落が現れる。さらに広大で当時の名残を思わせる城郭の石垣が積まれている。ここなら観光で訪れても容易にカタクリを観賞できるだろう。ここからひんやりとした杉林を抜ければ間もなく**薬師尾根登山口**❶に到着する。

立ち寄りスポット

六日町温泉公衆浴場　湯らりあ

☎ 025-770-0215
住 南魚沼市六日町 392-3

平成 24（2012）年に出来た新しい日帰り温泉施設。国道 17 号に面し、六日町駅から徒歩でも行ける。お湯は少々熱めで源泉掛け流し。入浴料は大人 400 円、小学生 140 円。

桃木平のカタクリ

坂戸山

1：25,000 六日町　（平成26年10月1日発行）

500m　0　500　1,000　1,500

湯沢側からの飯士山

【南魚沼市・湯沢町】 いいじさん

飯士山

南魚山岳の会
笛木みどり、井　春文

中越の山々
30

登山MEMO

標高
1,111.2m

登山口から山頂まで	2時間	難易度	★★☆☆	適期	5月中旬～10月下旬
交通	JR上越線越後湯沢駅から大源太キャニオン行きバス、岩原中央下車、徒歩2.6km、もしくはJR上越線岩原スキー場前駅から徒歩2.8km。				
マイカー	国道17号から県道268号線を岩原スキー場へ。第２ペアリフト乗り場に駐車スペース（10台ほど）あり。				
水場・トイレ	なし				
最寄りのコンビニ	国道17号宮林信号角（登山口まで４km）。県道268号線湯沢学園近く（登山口まで3.5km）。				
アドバイス	①コース途中に水場はない。②登山道は滑りやすい箇所、鎖場あり。③五十嵐コースは登る人が少なく難路。廃道状態である。④リフト終点（登山口）へ向かうには、管理道路を用いるのが一般的。				
問い合わせ	湯沢町観光商工課　☎025-784-4850				

30 飯士山【南魚沼市・湯沢町】★★☆☆

その秀麗な山容から一名を「上田富士」と称される飯士山。その名の由来は、山中に祭祀される諸神が主として穀物を祭る神仏であること、そしてその姿が富士に似ていることからその名が付いたといわれる。

南魚沼市と湯沢町にまたがる休火山で、山頂は東西二つに分かれ、西の峰をトマノ耳、東の峰をオキノ耳と呼ぶ。

最高点は東の峰で三角点がある。ここからの越後三山、巻機《まきはた》山塊、谷川《たにがわ》連峰の眺めは雄大で遮るものはない。

コースガイド

飯士山の登山道は、舞子スノーリゾートから二つ、岩原スキー場から二つと魚野川神弁橋から鋸《のこぎり》尾根の計五つである。五十嵐からのコースは踏む人も少なく廃道状態だ。

ここでは湯沢側、岩原スキー場から登るコースを紹介する。**ペアリフト乗り場❶**から索道に沿ったわずかな踏み跡をたどり、終点から左に折れ**第2**第3ペアリフトに向かう。ここからまた索道に沿って行く。踏み跡は不明瞭だが、索道の下を行けば間違いない。

リフト終点❷に出ると登山口の標識が現れる。振り返ると大源太《だいげんた》山《さん》から谷川連峰、眼下に高速道路が連峰の麓《ふもと》に延びている。ここから岩交じりの赤土の登りから始まる本格的な登山道だ。単調だが滑りやすく、所々ロープが張ってある急な登りだ。途中勾配が緩むが、再び急登になると南に延びる稜線に出る。すぐに神弁橋への分岐が現れ、木々の間からアップダウンの激しい鋸尾根が見える。

小ピークを越え緩く登り返すと、ロープが張ってある最後の急登だ。登り切れば岩原スキー場への分岐になり、標識が立っている。ここから山頂クワッドリフト終点に向かってルートが延び、稜線伝いにゴンドラ山頂駅へと続いていく。

道はこの先、山頂直下の鎖場となる。短いが小石交じりの岩場となるため、スリップに十分注意が必要だ。

山頂❸は15坪ほどの広さで、展望の良さに目を見張る。谷川連峰はもとより晴れた日には弥彦《やひこ》山、

リフト終点の登山口

守門岳《すもんだけ》、越後三山、巻機山塊、苗《なえ》場山《ばさん》も望める。全国的に知名度はないかもしれないが、地元の登山愛好家にとってはたまらない風景である。またその中にスキー場、高層マンション群、新幹線ターミナル駅、高速道路と、まるでジオラマ。まさに自然と人の造形美のせめぎ合いといったところで、なんとも不思議な光景である。

山頂から南峰、立柄山を望む

山頂直下の鎖場

　山頂から北へ、潅木の中を行くと穀物の神であろうか、石仏が数体、近くの窪地の奥にひっそりと祭られている。ここから北へ舞子スノーリゾートへの分岐がある。

山頂北側にある石仏

　西の峰から五十嵐への道は潅木が被さり難路。廃道に近い。名所の西面大岩壁中腹の負欠岩《ふっかけいわ》を見るには、この西の峰経由で下ることになるが、道は急峻《きゅうしゅん》で注意が必要だ。初心者は避けること。

　下山は山頂に戻り往路を戻るか、鎖場下から岩原山頂クワッドリフト終点へ向かい、管理道路を下ると駐車場に戻れる。このルートは潅木の中の急坂で鎖もあり、リフト終点からは歩きが長い。

立ち寄りスポット

土樽共同浴場　岩の湯

☎ 025-787-2787
住 南魚沼郡湯沢町土樽 6191-87

湯沢温泉外湯めぐりの一つ。お湯はアルカリ性単純温泉で 41℃とややぬるめ。隣には湯沢フィッシングパークがあり、釣りも楽しめる。入浴料は大人 500 円、子ども 250 円。

飯士山

1：25,000 越後湯沢　（平成29年2月1日発行）

500m　0　500　1,000　1,500

コースMAP

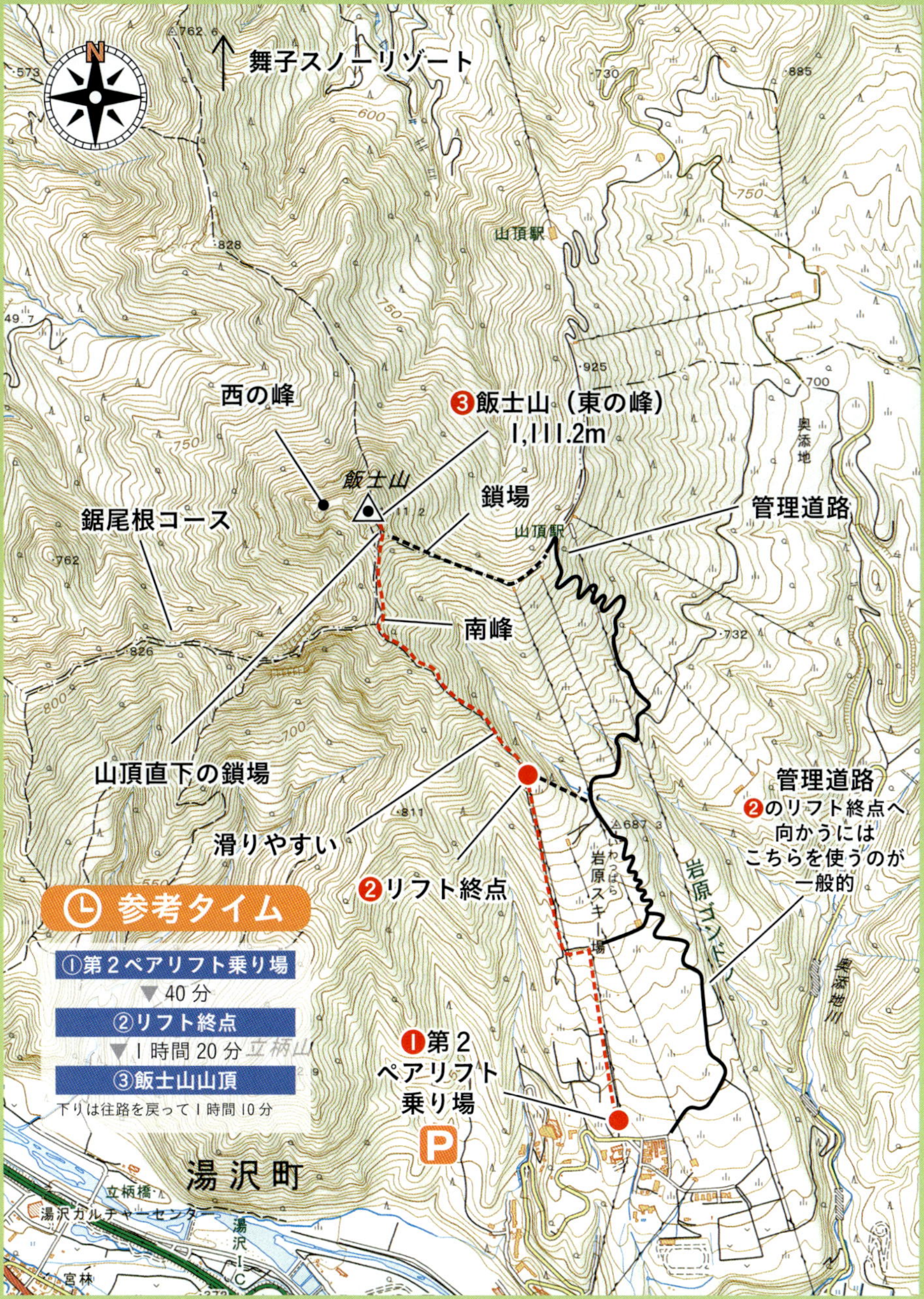

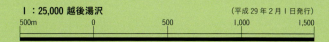

八石山の全景

【柏崎市】 はちこくさん（みなみじょうはちこくさん）

八石山(南条八石山)

長岡ハイキングクラブ
諏訪恵一

中越の山々
31

登山MEMO

標高
513.8m

登山口から山頂まで	55分	難易度	★☆☆☆	適期	4月中旬～10月下旬
交通	JR信越本線北条駅から徒歩30分。				
マイカー	北陸自動車道柏崎ICから国道252号を経由し15分で駐車場。				
水場	沢コースに1カ所あり。				
トイレ	駐車場と山頂にあり。				
最寄りのコンビニ	北条駅から国道291号を柏崎方面約1kmにコンビニあり。				
アドバイス	①沢コースは季節や天候により滑りやすい場所があり、注意が必要。また、残雪のため4月中旬まで通行止め。②登山口にも駐車は可能だが、林道を2km以上迂回するため、手前の駐車場を利用したい。				
問い合わせ	柏崎市産業振興部商業観光課 ☎0257-21-2334 八石の自然を守り親しむ会事務局 ☎0257-25-3961				

31 八石山（南条八石山）【柏崎市】★☆☆☆

八石山は、柏崎市と長岡市（旧小国町）に位置し、山頂は三峰あり、上八石、中八石、そして今回紹介する南条八石（下八石）と呼ばれている。

その姿は見る方向によりさまざまだが、北陸自動車道から見る姿は釈迦《しゃか》の涅槃《ねはん》像を思わせる。

各山頂にはいくつもの登山コースがあって、美しい草花や滝を見ることもできる。山頂からの上信越国境の山々や日本海、佐渡島の眺めも素晴らしい。

コースガイド

JR北条駅から100mほど柏崎市街寄りにある案内を目印に、国道291号を左折して線路を渡る。500mほど進んだ所にある案内板に従って左折し、しばらく進むと八石山の姿とともに、道路を跨ぐ「ようこそ八石山へ」の横断幕が目に飛び込んでくる。

横断幕をくぐり、1kmほど進むと林道入り口案内板があり、左折して500mほどで**駐車場**❶である。駐車場には案内板とともに各種パンフレットが置かれており、仮設トイレも設置されている。

駐車場からは10分ほどで**登山口**❷だ。この登山口にも20台ほど駐車できる。登山道は階段状に整備されており、登りやすい。10分ほど登るとベンチの用意された広場があり、春には一面にカタクリの花が咲き、目を楽しませてくれる。

歩みを進め、徐々に高度を上げていくと広場から10分ほどで、**かやかりばの分岐**❸に着く。ここから右手に進むと峰コース、左手に進むと沢コースになり、ともに山頂を目指す。

登りには、素晴らしい眺めが疲れを癒やしてくれる峰コースを選びたい。ここからは少し急登となるが、階段状に整備された登山道で安心して登ることができる。所々大きな木の根が登山道に張り出しているので注意しよう。10分ほど登ると正面に米山《よねやま》が、左手に頸城《くびき》三山をはじめとする山々、右手に日本海が広がる**見晴地**❹に着く。山々の案内図もあり、しばらく、展望を楽しんだら、再び山頂

登山口

を目指そう。15分ほど登ると登山道脇にある、「あと10分。海が見えるぞ。がんばろう。頂上まで200M」と書かれた看板が、山頂が近いことを教えてくれる。**山頂**5に着くと視界が開け、上信越国境の山々をパノラマで見ることができ、今までの疲れを一気に忘れさせてくれる。また、山頂の広場には地元の「八石の自然を守り親しむ会」により、お休み処「やまぼうし」や避難小屋「豆の木小屋」、トイレなどが整備されている。

下りは、沢コースを選ぶ。沢コースは、三角点の前にある山名標からトイレの脇に登山道がある。下り始めは、登りに比べ勾配が急なので注意しながら歩こう。すぐに、進行方向にある赤尾八石へ続く道に左側からの登山道がぶつかる丁字路になる。ここを左折し、沢コースへと進む。

下り始めて15分ほどで湧水を整備した**水飲み場**6に着く。季節によってニリンソウの姿も楽しめる。水飲み場から15分ほどで、かやかりば分岐に着き、登りに使った峰コースと合流する。

見晴地からの眺め

ニリンソウ

南条八石山の山頂

立ち寄りスポット

広田鉱泉　奥の湯・湯元館

☎ 0257-25-3500
住 柏崎市大広田 770

創業明治7（1874）年、150年の歴史を持つ、越後路屈指の薬湯として知られる。長らく湯治場として栄え、現在も当時の面影を残す秘湯。冷源泉を加温した純度100%の天然温泉。日帰り入浴は、大人600円、子ども250円。

八石山
（南条八石山）

1：25,000 法坂　（平成 19 年 7 月 1 日発行）

六万騎山全景

【南魚沼市】ろくまんきやま

六万騎山

南魚山岳の会
笛木みどり、井　春文

中越の山々
32

登山MEMO

標高
320.6m

登山口から山頂まで	30分	難易度	★☆☆☆	適期	4月上旬～11月中旬
交通	JR上越線五日町駅から登山口まで約1.7km。JR上越線六日町駅からは浦佐駅行きバスを利用、五日町駅前下車。				
マイカー	国道17号寺尾信号、あるいは500m新潟側、五日町パーキングを東に入り県道234号線、八海橋を渡り麓の信号を直進してすぐ。いずれも2km。登山口に駐車スペース（5～6台）あり。				
水場	コース中に水場はない。				
トイレ	地蔵尊境内にあり。				
最寄りのコンビニ	国道291号の麓信号角にコンビニあり。				
アドバイス	登山道は短いが傾斜はある。				
問い合わせ	南魚沼市産業振興部商工観光課　☎025-773-6665				

32 六万騎山【南魚沼市】★☆☆☆

六万騎山は国道291号線沿い麓《ふもと》集落にあり、頂上付近は坂戸城の支城とされる六万騎城西郭、主郭跡が見られる。
猿倉山（695m）から延びる稜線の末端に位置し、標高は低いが巻機山《まきはたやま》、金城山《きんじょうさん》、谷川《たにがわ》連峰などが見渡せる。
春雪解け後、山全体がカタクリだらけになり、麓から見上げるとオオヤマザクラの並木が見える。またモミジの木も見受けられ、秋の紅葉も楽しめる。

コースガイド

登山口は国道291号沿い地蔵尊境内からと300mほど南の庚申塔からの2カ所。周回しても1時間ほどで回れるので気軽にトレッキングを楽しめる。ここでは**地蔵尊側登山口**❶から登り、庚申塔登山口に下りるコースを行く。

駐車場からすぐにつづら折りの道になるが、時季にはここから西郭までカタクリに交じり雪割草（オオミスミソウ）、キクザキイチゲ、イカリソウ、イワウチワなどさまざまな花が見られる。

つづら折りが終わると地蔵坂と呼ばれる階段状の道になる。山頂まで20分ぐらいだが、勾配があり一気に登ろうとすると結構きつい。再び折り返しになるが、ここからのカタクリの群生は素晴らしい。地形は当時の曲輪《くるわ》や城郭の土塁跡なのか段差や土壇が築かれている。その地形にカタクリがへばりつくように咲く。

西郭を過ぎ間もなく**主郭跡山頂**❷に着く。山頂にはオオヤマザクラの並木があり、広々としている。展望も良く巻機山から谷川連峰、苗場山《なえばさん》が美しい。ここから先、長森山《ながもりやま》を経て長森集落に下りることができるが、下山路は山頂の先すぐにある「カタクリを踏み荒ら

西郭付近のカタクリ群生地

登り口の地蔵尊

巻機山から坂戸山遠景

さないで」の立て看板付近を右に下りる。快適な階段状の小道だ。一部木の根に沿った箇所があり、滑りやすいので慎重に足を運ぶ。日当たりの良いところではカタクリに交じってイカリソウも見ることができる。

花々に目をやりながら歩いているうちに、あっという間に**庚申塔のある登山口**❸に到着する。ここから地蔵尊の登山口へは北に歩いて5分ほど。花見や撮影をしながらゆっくり散策できるうれしい山である。

また、登山後は長森にある「魚沼の里」に立ち寄るのもいいだろう。カフェ、売店、キッチン雑貨店などを併設した「八海山雪室」をはじめ、そば処や食堂、菓子店などが、のどかな里山の風景に溶け込んで点在している。

六万騎山山頂

庚申塔登山口

イカリソウ

六万騎山

1：25,000 五日町　（平成27年8月1日発行）

500m　0　500　1,000　1,500

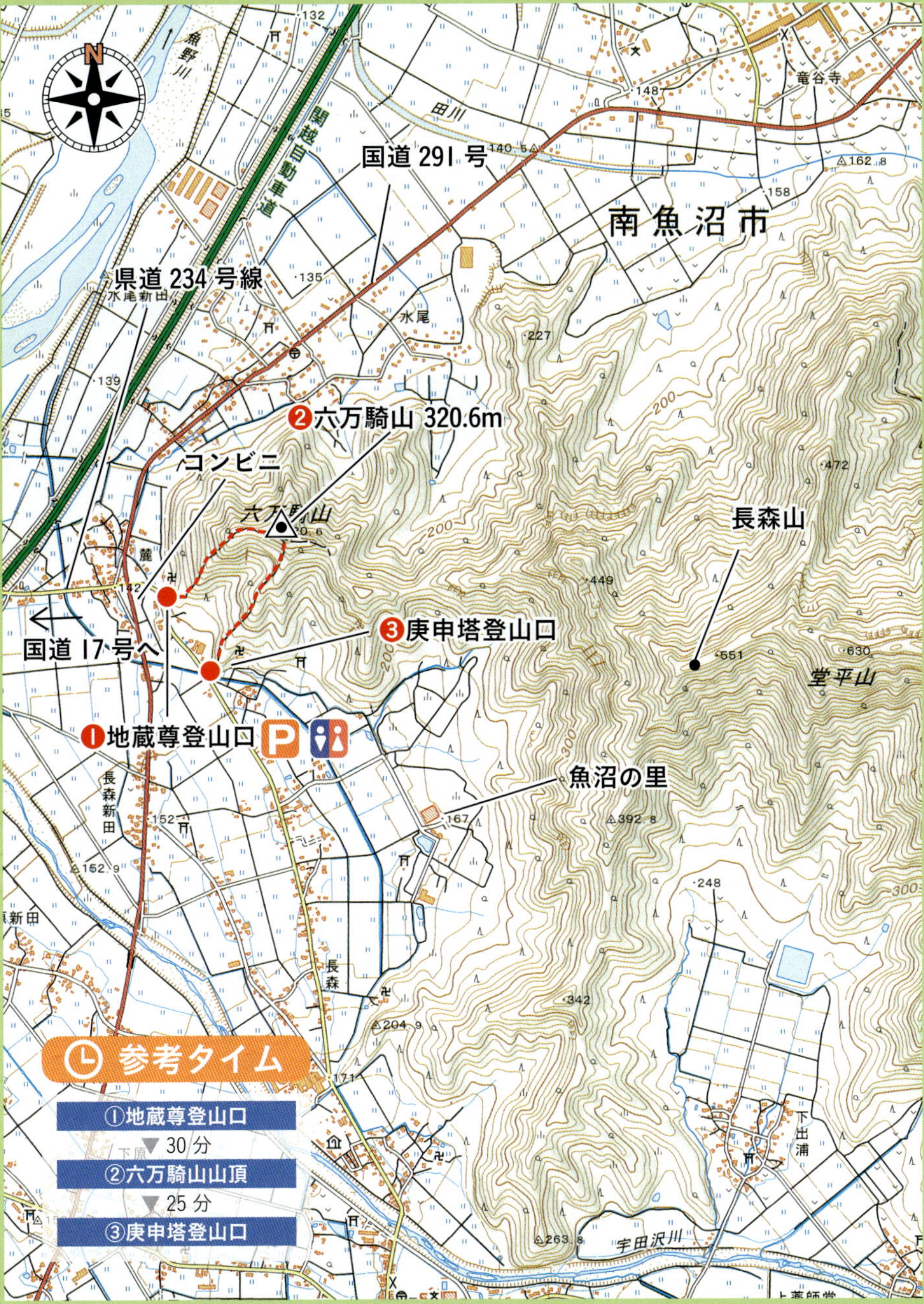

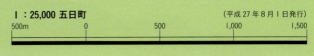

笹原が広がる蓬峠。武能岳から奥に谷川岳へ続く

【湯沢町】 よもぎとうげ

蓬峠

長岡ハイキングクラブ
高波菊男

中越の山々
33

登山MEMO

標高
1,529m

登山口から山頂まで	３時間50分　難易度 ★★★★　適期 ６月初旬～10月下旬
交通	JR上越線土樽駅から林道終点登山口まで徒歩で１時間15分。
マイカー	関越自動車道湯沢ICから県道541号線で土樽方面へ向かい、蓬橋を渡って林道終点の登山口まで約10km。車は林道終点手前の駐車スペース（５台ほど）を利用。
水場	登山口から５分の所と岩清水。
トイレ	土樽駅舎内以外はなし。蓬ヒュッテにはバイオトイレあり。
最寄りのコンビニ	登山口付近にコンビニはない。事前準備が無難。
アドバイス	６月中旬まで茶入沢から先は残雪あり。ピッケルやアイゼンがあれば安心。
問い合わせ	湯沢町観光商工課　☎025-784-4850

33 蓬峠【湯沢町】★★★★

蓬峠には「ヒトツバヨモギ」の群落が所々にあり、そこから峠の名が付けられたという。

上州と越後を結ぶ交易の道としてよりも、近隣の人々の交流の道であったらしく、「土樽越え」という別名もあった。

上越線の開通以降、登山者の交流が増え、荒廃した峠道を昭和17(1942)年に筆者の父、吾策が改修した。以来、谷川岳《たにがわだけ》への道として、多くの登山者に利用されている。

峠は森林限界を超えているため一面の笹原で、谷川岳から朝日《あさひ》岳《だけ》へ馬蹄形の山並みが一望できる。夏はニッコウキスゲ、秋はダケカンバとツツジの紅黄葉が素晴らしい。

コースガイド

土樽駅から徒歩で登山口に向かう場合、駅から右へ道沿いに歩いて蓬橋を渡る。上越線のガードをくぐり、しばらく行くと右手に「安全の広場」があり、高波吾策の銅像が立つ。浅間平橋、茂倉橋を右に見送り、駅から1時間15分ほどで**林道終点の登山口❶**だ。マイカーの場合は林道終点手前に駐車スペースがある。

登山口から5分ほどで水場となる。駅から歩いて来た人たちはここでひと息入れよう。この先、雑木林を進んでサワグルミの林相の奇麗な所を通過する。この辺りは6月ごろハルゼミの鳴き声がにぎやかだ。途中、道がえぐれた箇所に単管パイプが渡してあるので注意して渡りたい。しばらく行くとコマノカミ沢に出る。上に向かって左側を通り、合流点で右に渡る。沢の右岸を20分ほど歩くと東俣沢の渡渉点に出る(**東俣沢出合い❷**)。沢の幅は狭いが残雪期、降雨時の増水に注意して渡ろう。

東俣沢を渡るといよいよ登りとなる。15分ほどでブナ帯に入るが、ここはまだ若くてきれいなブナ林で、われわれは「神様の居所」と呼んでいる。

道はつづら折れで少し息が切れる登りだが、20分ほどで**中の休場❸**に出る。やがてブナは老木となり、歴史の深さを感じさせる。高度も上がってきているので風が吹くと心地よい。

沢や稜線に咲くシラネアオイ

少し登ると長いトラバースの道となり、狭い所を通ったり、小さな木を跨いだりするので足元に注意しよう。しばらくすると沢の流れが聞こえてきて小滝が現れる。われわれはこの滝を「遊心の滝」と名付けた。道は岩場になっているので、濡れているときは慎重に。滝の上を通って**茶入沢**❹に出る。ここから西奥に目をやると、苗場《なえば》山《さん》、仙ノ倉山《せんのくらやま》が遠望できる。

つづら折れに入ると低木になり、渡る風はひんやりしている。30分ほどで小沢を渡ると**岩清水**❺に出る。ここでしっかり給水したい。深い笹を登り、浅い笹原に入るともう**蓬峠**❻である。左に緩く登るので、50m手前まで行かないと峠自体は見えない。

峠というと鬱蒼《うっそう》とした樹林帯を想像するが、遮るものは何もなく、絶景である。湯檜曽《ゆびそ》川の先には赤《あか》城山《ぎさん》がでんと構え、右手には谷川岳、一ノ倉岳《いちのくらだけ》、武能岳《ぶのうだけ》、左前方には白毛門《しらがもん》、笠ヶ岳《かさがたけ》、朝日岳と大きな山容を見せている。稜線上の笹原を風が流れると、まるでさざ波のように見え、別天地である。

7月上旬はニッコウキスゲに彩られ、小さなタテヤマリンドウやコゴメグサなどが登山道を華やかにする。

蓬ヒュッテは平成27（2015）年に改築され、谷川連峰の馬蹄形を縦走する人のオアシスになっている。

蓬峠から七ッ小屋山。ニッコウキスゲが彩る

改築された蓬ヒュッテ

右に七ッ小屋山、左の鋭鋒が大源太山、奥に巻機山

蓬峠

1：50,000 越後湯沢　（平成20年3月1日発行）

1,000m　0　1,000　1,500　3,000

お花畑から三国山山頂

【群馬県みなかみ町】 みくにやま

三国山

長岡ハイキングクラブ
宮﨑幸司

中越の山々 34

登山MEMO

標高
1,636.3m

登山口から山頂まで	1時間30分	難易度	★☆☆☆	適期	5月〜10月下旬
交通	JR上越線越後湯沢駅から南越後観光バスで「浅貝上」バス停下車、登山口まで徒歩約3km。				
マイカー	関越自動車道湯沢ICから登山口まで約27km。				
水場	登山口から10分ほどのところに「三国権現御神水」。				
トイレ	登山口および登山コースにトイレなし。				
最寄りのコンビニ	登山口付近にコンビニはない。				
アドバイス	①春から夏にかけて多くの花が見られるが、夏のお花畑一面に咲くニッコウキスゲは圧巻。また10月中旬以降の紅葉も見どころである。②登山口に登山届用紙及び届出箱は設置されていない。				
問い合わせ	湯沢町観光商工課 ☎025-784-4850 南越後観光バス六日町営業所 ☎025-773-2573				

34 三国山【群馬県みなかみ町】★★★★

三国山は谷川《たにがわ》連峰の西端「平標山《たいらっぴょうやま》」から南に延びた主脈の南端に位置する。
三国山の下にある三国峠はかつて越後と江戸を最短距離で結ぶ三国街道として整備されていた。
峠には越後の弥彦、上州の赤城、信濃の諏訪の三神を祭った御坂三社神社がある。
また三国峠を越えた人々の石碑があり、坂上田村麻呂、弘法大師、上杉謙信らの名が刻まれており、古い歴史の一端に触れることができる。

コースガイド

登山口へはJR越後湯沢駅から南越後観光バスを利用、「浅貝上」停留所で下車し3㎞ほど歩くか、マイカーで国道17号三国トンネルの湯沢町側入り口まで行く。

沢（ガットウバ沢）に架かる鉄橋を渡ると三国峠への**登山口❶**で、「三国峠登口」の標柱、「上信越自然歩道」の大きな表示板がある。階段を登ると緩やかな広い道になる。昔からの広い街道だが豪雨で削られたのか、半分ほど崩れ落ちている箇所がある。10分ほどで「**三国権現御神水❷**」で、冷たい水が流れ出ている。水場はここだけなので忘れずに補給して行こう。

つづら折りの旧街道を登っていき道が少し狭くなるとすぐに**三国峠❸**に着く。峠には御坂三社神社があり、建物内部は8畳ほどの広さで、正面に神々が祭られている。両脇にはベンチが作り付けてあり避難小屋も兼ねている。

三国山へは神社右側に登り口があり、カウンターが設置してある。ここからは潅木の中の階段の登りで、ヤマツツジ、ミヤマシシウド、シモツケソウ、ニッコウキスゲなどが見られる。急坂から木道を歩き振り返れば緑の中に神社の鳥居が浮かんで見える。

木道が終わると開けた草原に出る。前方にはこれから登るガレ場の階段と山頂の稜線を、左手には苗場スキー場とその奥に苗場山の平

「三国峠登口」の標柱が立つ登山口

らな稜線が望める。一帯は**お花畑④**で、特に夏一面に咲くニッコウキスゲは圧巻で、ひと休みしてゆっくり展望を楽しみたい。ニッコウキスゲに目を奪われるが、クガイソウ、クルマユリなども足元に咲いている。

ニッコウキスゲ

ニッコウキスゲの大群落の先に苗場山

お花畑から保護ロープが張られた道を登るとすぐに**ガレ場⑤**で、下部は整備された木道が雪により傾斜して、歩きにくく注意が必要だ。上部の木道階段はしっかりしている。

階段を登り終え稜線を進むと**三国山山頂⑥**で、南面のほかは潅木に囲まれて眺望は効かないが、三等三角点があり幸福の鐘がつるされている。

帰路は登ってきた道を引き返すのがいいだろう。足に自信があるのなら、山頂から50ｍほど戻って右に分岐して三角山（1685ｍ）から浅貝に下るか、さらに進んで平標山の家まで行き、そこから下山することも可能だ。

ガレ場の下部。木道が傾斜している

三国山山頂

立ち寄りスポット

三俣共同浴場　街道の湯

☎ 025-788-9229
住 南魚沼郡湯沢町三俣 1021

湯沢 IC から 8km ほど、国道 17 号沿いにある。「道の駅みつまた」も併設されており、便利で気軽に立ち寄れる。入浴料は大人 600 円、子ども 250 円。

三国山

1：25,000 三国峠　（平成 28 年 11 月 1 日発行）

500m　0　500　1,000　1,500

コースMAP

参考タイム

①登山口
▼10分
②三国権現御神水
▼25分
③三国峠
▼30分
④お花畑
▼10分
⑤ガレ場
▼15分
⑥三国山山頂

下りは往路を戻って約1時間

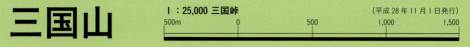

柿崎から望む米山

【上越市・柏崎市】 よねやま

米山

柿崎山岳会
西村道博

上越の山々
35

登山
MEMO

標高
992.5m

登山口から山頂まで	２時間40分	難易度	★★☆☆	適期	５月～12月上旬
交通	JR信越本線柿崎駅から水野行きバスで終点手前の「米山表登山口」下車。バスの運行時間などは頸北観光バス（☎0120-489-510）に要確認。				
マイカー	北陸自動車道柿崎ICから県道25号線、米山寺経由で下牧まで約20分。無料休憩施設「下牧ベース993」駐車場を利用（約50台・中型バス可）。				
水場	「下牧ベース993」で給水。				
トイレ	「下牧ベース993」および山頂にバイオマス式のトイレあり。				
最寄りのコンビニ	近くにコンビニや商店なし。事前に準備。				
アドバイス	登山道のほとんどはＶ字状になっている。降雨時は要注意。				
問い合わせ	柿崎観光協会　☎025-536-9042				

35 米山【上越市・柏崎市】★★☆☆

米山は上越市柿崎区と柏崎市との境に位置する独立峰で、奇麗な三角形をしている。佐渡弥彦米山国定公園に指定され、「三階節」や「米山甚句」の民謡にも歌われている。

米山はその昔、五輪山と呼ばれ、泰澄禅師《たいちょうぜんし》とその弟子沙弥《さみ》が開山したとされている。

沙弥は海上を航行する船に向かって鉢を飛ばし、生活に必要な食べ物を恵んでもらっていたが、ある日、出羽の国の上部《かんべ》清定に「これは上米であり、乞食にやる米などない」と邪険にされた。そこで沙弥が何か呪文を唱えると、船から米俵が五輪山に向かって飛んでいったという。米山の山名は、この伝説に由来するといわれている。

コースガイド

ここでは米山登山で最も人気がある、表登山口の下牧《しもまき》からの登山道を紹介したい。

起点は「**下牧ベース993❶**」だ。ここは平成27（2015）年に新築された無料休憩施設で、ここの駐車場に車を置いて登り始める。

ジグザグした杉林と雑木の中を登り、ひと休みしたくなったころ、いきなり右側に視界が開ける。ここが「**水野口出合い❷**」で、最近ではこの水野コースから登る人は少ない。頸城《くびき》平野と日本海の眺望が美しい場所である。この辺りから登山道は雨水などで削られたV字状の登りとなるが、曲がり角の尾根に出ると涼風が吹き抜け、疲れを癒やしてくれる。

やがて広くなった所が「**駒ヶ岳❸**」で、昔の武将はここまで馬で登ったという。祠《ほこら》もあったが朽ちて「駒の小屋」に作り替えられた。上部には西国三十三観音石仏が整然と祭られている。この横から、またV字状の登りで、足場も悪く我慢の登りとなる。程なくブナの原生林となるが展望は良くない。やがて水野林道との合流点「**水野林道出合い❹**」である。

続く泰澄禅師の供養塔の先に「女しらば」がある。明治5（1872）年以前、女性はこれより上に登るこ

「駒の小屋」でひと休み

「女しらば」の先、牛の背のような鎖場

とができなかった。立派な女人堂《にょにんどう》が建っていたが、ここも朽ちてしまい、現在は「**しらば避難小屋**5」が建てられている。少し下って牛の背のような鎖場を過ぎると、右側に尾神岳《おかみだけ》と柿崎区の山間部の集落、左側には上越地方の海岸が箱庭のように見える。

避難小屋から40分ほど我慢して登り、道が緩やかになると目の前に立派なログハウスが飛び込む。**山頂避難小屋**6である。ここに荷物を置き、日本三大薬師の一つ、米山薬師にお参りしよう。お堂左側手前には、日本に三つしかない「原三角点」も見ることができる。

山頂からの展望は、海に浮かぶ佐渡島、西南を眺めると頸城三山（妙高《みょうこう》・火打《ひうち》・焼山《やけやま》）と湾曲した海岸線に、天候にもよるが能登半島を望むことができる。南に目を転じれば、上越国境の山々が開けている。

下山は今登った道を下ることにしよう。時間は1時間40分ほど見ておくといい。

山頂の避難小屋

立ち寄りスポット

長峰温泉　ゆったりの郷

☎ 025-548-3911
住 上越市吉川区長峰 100

国道８号旭町の信号から上越方面に向かい、馬正面の信号を左折、県道 30 号線沿いにある日帰り温泉施設。自慢は米山、尾神岳を望む露天風呂。道を挟んで「道の駅よしかわ杜氏の郷」がある。入浴料は大人 600 円、子ども 350 円。

珍しい原三角点

米山

1：25,000 柿崎 （平成28年4月1日発行）

500m 0 500 1,000 1,500

コースMAP

上越妙高駅から見る南葉山

【上越市】　あおたなんばさん

青田南葉山

高田ハイキングクラブ
山本優子

上越の山々
36

登山MEMO

標高
949.1m

登山口から山頂まで	1時間30分　難易度 ★☆☆☆　適期 4月下旬〜11月初旬
交通	えちごトキめき鉄道高田駅前案内所から青田行きバス、灰塚公民館下車、南葉高原キャンプ場まで約7km、また終点青田から約6km。平日1日3往復。運行時間などは「くびき野バス（☎025-525-2771）」に要確認。
マイカー	南葉高原キャンプ場まで上信越自動車道上越高田ICから9km、約20分。南葉ロッジ前（15台）と登山者専用駐車場（40台）を利用。
水場	キャンプ場と登山道6合目。
トイレ	キャンプ場のトイレを利用。
最寄りのコンビニ	登山口付近にコンビニや売店はない。事前準備が無難。
アドバイス	花の見頃は5月〜6月、紅葉は10月中旬〜11月初旬。
問い合わせ	上越市農林水産整備課（キャンプ場）　☎025-526-5111 上越市観光振興課（登山道）　☎025-526-5111 南葉高原キャンプ場　☎025-524-9046

36 青田南葉山【上越市】★☆☆☆

青田南葉山は、頸城《くびき》平野の南西に位置し、上越市と妙高市の境にある。北から青田難波山（ここでは青田南葉山と書く）、猿掛《さるかけ》南葉山、籠町《かごまち》南葉山と連なる山地の最高峰だ。

青田南葉山はドーム状のたおやかな山容が特徴で、春には山肌に「種蒔き爺さん」の雪形が現れる。

登山口は南葉高原キャンプ場で、山頂を背に市街地から日本海へ広がる大パノラマが望める。休日にはバンガローやテントを利用して、アスレチックや遊歩道の散策を楽しむ人でにぎわう。

上越市民はもちろん、県外からの登山者も多く訪れる花の山でもある。

コースガイド

青田南葉山の登山コースは、南葉高原キャンプ場から登る「木落し坂コース」と「明神沢コース」、桑取の湯ったり村や妙高市から登るコースがあるが、ここでは木落し坂コースから山頂に登り、明神沢コースを通ってキャンプ場に戻る周回コースを紹介しよう。

登山口の**南葉高原キャンプ場**❶は、青田南葉山の中腹にあり、バス停から歩く距離を考えると、マイカーを利用した方が良い。

キャンプ場の管理道路を木落し坂コースの標識に従って進むと、第4キャンプ場を通り越した辺りで道が二手に分かれる。左手に少し下り、小さな流れに架けられた丸太橋を渡るといよいよ登山道だ。

潅木のトンネルを緩やかに登り、4合目付近からは勾配がきつくなるが、良く整備されているので安心して登ることができる。6合目には**水場**❷があり、水を補給しながらひと休みすると良い。

ブナとネマガリダケが混在する道を登っていくと7合目に着く。登山道を右手に入ると**見晴らし台**❸があり、眼下には市街地や日本海から連なる米山《よねやま》、尾神岳《おかみだけ》、刈羽黒《かりわくろ》姫山《ひめやま》、関田《せきだ》山脈が一望できる。7合目からはブナやタムシバの道を緩やかに登っていくと**山頂**❹に着く。ここは残雪があると登山道が分かりにくいため注意が必要である。

山頂は広く刈り込まれ、南葉神

キャンプ場の南葉ロッジから見る青田南葉山

9合目周辺のブナ林

水場から見る頸城平野

山頂にある南葉神社の祠

社の祠《ほこら》と山頂の標識がある。残雪期のみ妙高山《みょうこうさん》や火打山《ひうちやま》、大毛無山《おおけなしやま》方面の山を望むことができる。帰りは明神沢コースに下るが、籠町南葉山のコースに下りないよう注意しよう。明神沢コースは連続する急坂やロープ、ガレ場のトラバースがあるため、残雪期やメンバーによっては往路の下山を勧めたい。

頂上から**明神峠**❺まではブナ林の急坂が続く。峠では湯ったり村コースと別れて右に折れ、ブナ林の中を進む。峠からのコース中、いくつかの沢を渡る。**明神沢**❻を渡り、小さなアップダウンを繰り返し、1時間ほど歩くとキャンプ場内の遊歩道に出る。

南葉山はカタクリやスミレ、イワカガミ、チゴユリ、シラネアオイ、サンカヨウ、マンサク、タムシバなどの花が咲き、春にはブナの新緑が楽しめる自然豊かな山である。

立ち寄りスポット

神の宮温泉　御宿 かわら亭 景虎の湯

☎ 0255-72-7307
住 妙高市大字神宮寺 31-3

上信越自動車道上越高田 IC や新井スマート IC から 10 分。斐太《ひだ》神社や斐太遺跡、鮫ヶ尾城址からほど近い、和風の落ち着いた趣きの宿である。宿泊者以外も日帰り入浴が可能。入浴料は大人 800 円、小学生 400 円。

青田南葉山

1：25,000 重倉山　（平成27年10月1日発行）

500m　0　500　1,000　1,500

コースMAP

妙高市乙吉から望む籠町南葉山（右のピーク）

【妙高市】かごまちなんばさん・いのやまなんばさん

籠町南葉山・猪野山南葉山

中田良一

上越の山々
37

登山MEMO

標高
909.0m・755m

登山口から山頂まで	登山口から籠町南葉山まで1時間30分	難易度	★☆☆☆	適期	6月上旬～11月上旬
交通	JR・えちごトキめき鉄道上越妙高駅からタクシーを利用。バスはない。				
マイカー	北陸自動道新井スマートICから登山口まで約8km。登山口に駐車場スペースあり（約5台）。				
水場	コース中に水場なし。				
トイレ	登山口付近にトイレなし。				
最寄りのコンビニ	登山口付近にコンビニや売店はない。道の駅あらいにコンビニあり。				
アドバイス	6月上旬のお花、11月上旬の紅葉がおすすめ。				
問い合わせ	妙高高原観光案内所　☎0255-86-3911 南葉愛三会　片　英一　☎0255-72-5190				

37 籠町南葉山・猪野山南葉山【妙高市】★☆☆☆

上越市と妙高市をまたぎ、北から南に連なる山地を「南葉山塊」と呼ぶ。最高峰は前項の青田難波山（949・1m＝ここでは青田南葉山と書く）で、猿掛《さるかけ》南葉山（901m）、籠町南葉山から五日市南葉山、猪野山南葉山へと続いていく。

この「籠町南葉山～猪野山南葉山」のトレッキングコースを、地元の南葉を愛する会「南葉愛三会」が切り開いた。

コースは展望ポイントが随所にあり、日本海から妙高山《みょうこうさん》、黒姫《くろひめ》山《やま》まで景色が広がっている。

アプローチが不便ゆえ訪れる人が少なく、静かな山歩きが楽しめる。

コースガイド

北陸自動車道、新井スマートIC・道の駅から、国道18号を上越市方面に1・4km進むと、左手に「あらい再資源センター」の建物が見えてくる。左折し五日市林道に入る。途中の分岐は左方向に行くと良い。重倉林道に合流したら右折する。しばらくすると「南葉山トレッキングコース入口」の案内板がある。

この**登山口**①から「くもり沢」の湿ったやや急な尾根を10分ほど登ると「くもり池」に着く。古くは炭焼きの井戸であったようだ。ひと息ついてブナ林の緩やかな登りが続く。やがて5合目「米山の窓」、7合目「**直江津の窓**②」とビューポイントが現れ、天気なら日本海が望まれる。ここで一服しよう。

イワカガミの群落が続く8合目から尾根が細くなり最後のひと頑張りで三角点がある**籠町南葉山**③に着く。山頂は広く南西方向に「窓」が切り開かれ、信越トレイル方面が望まれる。ここが青田南葉山と猪野山南葉山の分岐になるので気を付けよう。山頂からは緩やかな下り15分ほどで「**新幹線の窓**④」に着く。ここは広い鞍部でブナ林が美しい所。北陸新幹線「上越妙高駅」が望まれる。

ひと登りで、789m地点に到着する。五日市南葉山頂の標識は400mほど先に進んだ所にある。途中、「馬ノ背」といわれる約200mのやせ尾根になる。切り

籠町南葉山への登り

新幹線の窓から望む米山と日本海

籠町南葉山山頂

株があり歩きにくいので、足元に注意しよう。

五日市南葉山⑤からさらに進むと「斐太の窓」が現れ、眼下の水田が美しい。15分ほどで**猪野山南葉山**⑥に着く。ここの山頂も展望はないが、三山を歩いたことで達成感がある。

山頂から下り始めると「上吉棚」があり左側が切り開かれている。登山道はそのまま直進するとじきに最後の窓「矢代の窓」に着く。天気ならば黒姫山、妙高山、火打山《ひうちやま》が望まれる。ここから10分ほどで**猪野山南葉山登山口**⑦に到着する。

車1台で籠町南葉山登山口に置いてきた場合は、重倉林道を50分ほど歩いて戻ることになる。できれば2台で訪れ、それぞれの登山口に1台ずつ置いておきたい。

なお、足に自信があるのなら、逆コースをとって大縦走も魅力的だ。猪野山南葉山から籠町南葉山、青田南葉山へと向かい、上越の奥座敷といわれる桑取温泉「くわどり湯ったり村」へ下る。

昭和54（1979）年発刊、藤島玄著『越後の山旅』の中で、南葉山のことが「山稜線に縦走路はおろか、各山頂への登山道もないとは、驚くと共に惜しいものだと思う」と記されていた。古来より炭焼きや薪取りの道は存在したようだが、トレッキングコースが整備された今、多くの人に訪れてもらいたい山域である。

上越エリアの山で見られるササユリ

籠町南葉山・猪野山南葉山

1：25,000 重倉山

（平成27年10月1日発刊）

500m　0　500　1,000　1,500

参考タイム

①籠町南葉山登山口
▼1時間10分
②直江津の窓
▼20分
③籠町南葉山山頂
▼15分
④新幹線の窓
▼15分
⑤五日市南葉山
▼30分
⑥猪野山南葉山山頂
▼30分
⑦猪野山南葉山登山口

参考タイム2

紹介コースを逆からたどる場合は次のとおり。

⑦猪野山南葉山登山口
▼50分
⑥猪野山南葉山山頂
▼30分
⑤五日市南葉山
▼20分
④新幹線の窓
▼30分
③籠町南葉山山頂
▼30分
②直江津の窓
▼40分
①籠町南葉山登山口

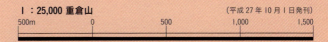

冬の大毛無山

【妙高市・上越市】おおけなしやま

大毛無山

高田ハイキングクラブ
後藤正弘

上越の山々
38

登山 MEMO

標高
1,428.9m

登山口から山頂まで	約1時間30分　難易度 ★☆☆☆　適期 6月中旬～10月中旬
交通	えちごトキめき鉄道新井駅からタクシー利用。登山口まで約17km。
マイカー	上信越自動車道新井スマートICから登山口まで16km。登山口に駐車場あり（約20台）。
水場	小毛無山尾根のピーク下に1カ所。
トイレ	登山口付近にトイレはない。
最寄りのコンビニ	登山口付近にコンビニや売店はない。国道18号長森交差点にコンビニあり。
アドバイス	豪雪地のため、年によって残雪や林道・登山道の状況が変わるので、問い合わせ先に確認すること。
問い合わせ	妙高高原観光案内所　☎0255-86-3911

38 大毛無山【妙高市・上越市】★☆☆☆

大毛無山の特徴は、豊富な雪にある。どっしりした山容に真っ白な残雪が輝き印象的である。また、山頂から眺める妙高《みょうこう》三山の景観は素晴らしい。

「けなしやま」と呼ばれるのも、冬になると山頂では、約10mもの雪が積もり、木々がすっぽりと隠れてしまうからだといわれている。また、昔は炭焼きが盛んで、山の木が伐採されつくしたからともいわれる。現在は、子どもから熟年まで大自然を満喫できる身近な山となった。

コースガイド

大毛無山は、豊富な雪とダイナミックな景観のスキーリゾートとして、多くのスキーヤーでにぎわってきたが、平成18（2006）年に惜しまれながら閉鎖。しかし平成29年、熱烈なファンの期待に応えるように、ロッテアライリゾートとして再びオープンした。

春から夏にかけてカタクリ、シラネアオイ、ニッコウキスゲなど豊富な草花が咲き競う。稜線の湿地には小さな水たまりがあり、分布上貴重な淡水二枚貝のマメシジミが生息する。また、秋には艶やかな紅葉が全山を染め上げ、訪れる人を魅了する。

駐車場から登山口へ向かう

マイカーの場合は、スキー場を目指して進み、ゴンドラ乗車口（標高330m）からスキー場エリア内の林道大毛無山線を約9㎞走って高度を上げていく。やがて正面が砂利道となる三差路（標高1060m）に着く。右側に広場

大毛無山の登山口

があるので、ここに駐車する。

左の舗装された林道は南葉山線で、この林道を100ｍほど歩くと「掘割り」と呼ばれる峠に着く。掘割りから先、名立方面は通行禁止だ。**登山口**❶はこの峠の左手で、標識が立ち、山道の階段が見える。

20分ほど潅木の中の急登が続くが、稜線に出ると緩やかになり、春から夏は季節の花々が目を楽しませてくれる。秋には紅葉を愛でながら歩くことになる。

リフト駅舎が見えてくると頸城《くびき》平野の展望が開けホッとする。ここから300ｍほど登ると前山の手前に「**休み場の清水**❷」と呼ばれる湧水がある。ここまで来れば山頂までわずかである。前山のピークを越えて少し下り、緩やかな道を回り込むように登ると**大毛無山の山頂**❸へ飛び出す。

天候に恵まれれば、妙高山、火《ひ》打山《うちやま》、焼山《やけやま》などの大展望が楽しめる。また、鉾《ほこ》ケ《が》岳《たけ》や権現岳《ごんげんだけ》も大きく聳《そび》えている。山頂は狭いが景色を楽しみランチタイムをとって、帰りは往路をゆっくり下ろう。

稜線の登山道

山頂から頸城三山を眺める

立ち寄りスポット

矢代ふれあいの里　友楽里館

☎ 0255-72-8686
住 妙高市西野谷新田 256-1

大毛無山の麓《ふもと》にあり、昔炭焼き職人が体を癒やしたといわれる深山の湯。豊かな自然と山里の暮らしを楽しめる自然体験メニュー（田植え、稲刈り、そば打ち、四季の自然散策、山案内など）を用意した体験宿泊施設でもある。日帰り入浴料は大人480円、子ども200円。

コースMAP

大毛無山

1：25,000 関山　（平成27年8月1日発行）

500m　0　500　1,000　1,500

参考タイム

①登山口

▼1時間15分

②休み場の清水（水場）

▼15分

③大毛無山山頂

下りは往路を戻って50分

儀明峠付近から望む霧ヶ岳

【上越市】 きりがたけ

霧ヶ岳

上越の山々
39

高田ハイキングクラブ
大滝丹藏

登山MEMO

標高
507.1m

登山口から山頂まで	1時間55分	難易度	★☆☆☆	適期	4月下旬～12月上旬
交通	ほくほく線虫川大杉駅から車で5分。				
マイカー	北陸自動車道上越IC、柿崎ICまたは上信越自動車道上越高田ICから車で30分。公園も併設されており、十分な駐車場がある。				
水場	コース中に2カ所。				
トイレ	旧霧ヶ岳温泉「ゆあみ」上にある霧ヶ岳公園にトイレあり。				
最寄りのコンビニ	登山口付近にコンビニなし。				
アドバイス	登山道は濡れていると滑りやすいので注意。				
問い合わせ	上越市浦川原区総合事務所　☎025-599-2302				

39 霧ヶ岳【上越市】★★★★

霧ヶ岳は上越市浦川原区と安塚区との境界上にあり、標高は507mと低山であるが、頸城《くびき》平野方面から三角形の雄大な山容を望むことができる。

展望に恵まれ、遠く弥彦山《やひこやま》、守門岳《すもんだけ》、越後三山、谷川《たにがわ》連峰、頸城三山、戸隠《とがくし》連山、日本海までもが一望のもとだ。

山頂の祠《ほこら》には薬師地蔵が祭ってあり、ひと昔前までは近隣集落の人々がこぞって薬師詣をし、無病息災、五穀豊穣を祈ったという。

コースガイド

霧ヶ岳山頂へは旧霧ヶ岳温泉「ゆあみ」からと、小谷島集落からのコースが開かれているが、ここでは二つのコースを周回してみたい。登山道は地元「うらがわら山友会」などの皆さんが毎年整備しており歩きやすい。

旧霧ヶ岳温泉「ゆあみ」の駐車場の西側端にある「**ゆあみ登山口❶**」の標識から登山道は始まる。杉林の中を滑りやすい地肌、そして若干の急坂を10分ほど登ると「滝見所」に至り、右下の木々の間に一筋の白い滝筋を見ることができる。

所々にロープが設置してある急な尾根筋を、切り株、根がらみに注意しながら「胸突八丁」をたどり、笹平を経て緩い登りになる。この辺りは春には登山道の両脇にカタクリ、シュンランなどを見ることができる。その先の「さえずり広場」で小休止。少し進み、視界が開けた草地を経ると「吹上」

滝見所から糸のような一筋の滝

シュンラン

登山道の両脇にカタクリが咲く

山頂に祭られる薬師地蔵

である。爽やかな風が汗ばんだ体に心地良い。

さらに少し登ると、ゆあみコース唯一の**水場❷**があり、小さな沢に下って喉を潤そう。サワグルミの大木を左に巻き、急坂を登ると平地となり、根元から三つ巴に分かれたホオノキに出合う。ここから「緑の回廊」と呼ばれている樹林帯の中を進む。回廊を進むと急に明るく開けた場所に出る。門のような2本のキハダの間を通り、尾根を進むと「**肩の峰❸**」に至る。ここはヤブに覆われているが、西側は上越市内から日本海方面の展望が良い。

「肩の峰」からいったん鞍部まで下り、大フジを左手に見て、頂上の南尾根を登り切ると**霧ヶ岳山頂❹**である。

山頂には薬師如来が祭られており、その前は小さな広場になっている。山頂からは越後三山、谷川連峰、頸城三山、戸隠連山、遠くは北アルプス北部など西側を除いてほぼ360度の展望が開けている。

山頂から少し下ると鞍部までは、ロープが設置されている急坂なので慎重に下る。なお、鞍部からの坊金口コースは、現在廃道になっている。**分岐❺**を北側（左）に折れ、滑りやすい草地を下る。春先にはカタクリのお花畑が出現する。草地が終わると右に進んで小さな沢を渡る。

しばらく下ると、今度は右手にアカイタヤの大木。スギの植林地を2カ所過ぎ、右に折れると**水場❻**である。登山道下は水田の跡地がある。この跡地に沿って下り、七曲を過ぎれば農道だ。農道をたどれば国道253号沿いにある**小谷島登山口❼**である。小谷島登山口から国道を左に、15分ほど歩くと旧霧ヶ岳温泉「ゆあみ」に戻る。

立ち寄りスポット

国指定天然記念物 虫川の大杉

住 上越市浦川原区虫川1429

昭和12（1937）年4月、文部省（現文部科学省）指定。ほくほく線虫川大杉駅から車で3分。樹齢は1,200年以上で、目通り10.6m、高さは約30mに達している。全国でも有数のスギの巨木である。

霧ヶ岳

1：25,000 安塚　（平成26年3月1日発行）

500m　0　500　1,000　1,500

コースMAP

菱ヶ岳全容。山名の由来となった上越方面からの三角形

【上越市】 ひしがたけ

菱ヶ岳

上越の山々 40

高田ハイキングクラブ
湯本浩司

登山MEMO

標高 1,129.2m

登山口から山頂まで	1時間30分	難易度	★☆☆☆	適期	5月下旬～10月下旬

交通	ほくほく線虫川大杉駅から東頸バスで須川下車。グリーンパーク登山口まで約3km。運行時間などは「東頸バス（☎025-599-2312）」に要確認。
マイカー	国道253号の上越市浦川原区虫川南交差点を南に折れ国道403号を約20分で須川集落へ。集落内の案内表示板に従ってグリーンパーク登山口へ（駐車場約20台）。
水場	グリーンパーク（裏手キャンプ場内）、どんどん清水。
トイレ	グリーンパーク（裏手キャンプ場内）を利用。
最寄りのコンビニ	登山口付近にコンビニなし。事前準備が無難。
アドバイス	水場もトイレも須川集落先のキューピットバレイ駐車場内が確実かつ無難。
問い合わせ	安塚観光協会　☎025-593-2043

40 菱ヶ岳【上越市】★☆☆☆

頸城《くびき》平野を囲む古くからの山岳信仰、霊山の代表は、「南の妙高《みょうこう》山《さん》、北の米山《よねやま》、東の菱ヶ岳」である。
山名は頸城平野から菱形（三角形）に見えることに由来する。
登山はもとより信越トレイルにも接続し、山麓にはキューピットバレイスキー場や雪だるま温泉なども整えられている。
総合レジャーエリアとして、家族連れで多様な楽しみ方ができる山域だ。

コースガイド

国道253号の上越市浦川原区虫川南交差点を南に折れ、ほくほく線の高架線路をくぐりひたすら道なりに進む。「雪だるま高原」「キューピットバレイスキー場」の案内板に従って須川集落を目指す。

集落入り口の展望東屋《あずまや》から菱ヶ岳の威容が大きく迫る。そのまま集落内に入り、旧須川小学校先のグリーンパーク（登山口）案内板に導かれ登山口（東口）に向かう。

登山口❶からしばらくはスキー場ゲレンデ内を歩いて登るが、ゴンドラの山頂駅が近づくころ、左手に**どんどん清水**❷が現れる。夏でも枯れることのない冷たくきれいな水でしばし潤おう。

どんどん清水

ゴンドラ山頂駅広場❸の登山道看板横からいよいよゲレンデを外れて登山道に入る。数カ所で信越トレイルの枝線と接するが、案内標柱で迷うことはない。登山道はほぼ全体が赤土で、降雨時や雨後は滑りやすくなるので注意しよう。

春はミズバショウを主としてさまざまな花が咲く奇麗な沢沿いに、本峰を南から巻くように登っていく。ブナ林の急坂をしばし登り詰

山頂の菱薬師小屋と一等三角点

不動滝

山頂から米山と佐渡

めると平坦となり、その先で北の方角が開けて**菱ヶ岳頂上❹**に着く。
ここ東の霊山には「菱薬師」を祭った社と「一等三角点」がある。南の霊山妙高山、北の霊山米山にも同様に「薬師」があるのは当然として、「一等三角点」があることまで共通しているのは不思議だ。なお、ここの社は5~6人は収容できる避難小屋にもなっている。昔は馬で登った人もあるようで記念写真が飾られている。

山頂からの展望は素晴らしく、すぐ足元にはキューピットバレイが広がり、東から越後駒ヶ岳《えちごこまがだけ》に守《す》門岳《もんだけ》、刈羽黒姫山《かりわくろひめやま》に米山、その先には佐渡島、頸城平野を挟んで西南に妙高山、火打山《ひうちやま》と一望できる。なお、足元は切り立った急斜面なので十分注意しよう。

山頂からは不動滝のある西登山口へ下りるが、急坂が多く滑りやすいので慎重に歩を進めよう。こちらのコースはブナの巨木が多く森の神秘さを感じることができる。小さな沢を幾つか横切り、やがて**西登山口❺**へ至る。下山後はこのすぐ先の**不動滝と火炎石❻**を見て回ろう。これを見逃して戻っては菱ヶ岳の魅力が半減してしまう。不動滝は落差30m、火炎石は安山岩の一枚岩でこれも高さ60mはあろうか、迫力満点で頂には石仏が祭られている。どちらも圧巻で大いに満足いただけるであろう。

立ち寄りスポット

雪だるま温泉　雪の湯

☎ 025-593-2041
住 上越市安塚区須川

菱ヶ岳山麓のキューピットバレイは、スキーを中心として通年楽しめる総合レジャー施設。隣接の「雪だるま温泉雪の湯」は、男女とも100人が入浴可能な大浴場が自慢。日帰り入浴料は大人600円、小学生500円、幼児200円。月曜定休。

菱ヶ岳

1：25,000 柳島　（平成29年10月1日発行）

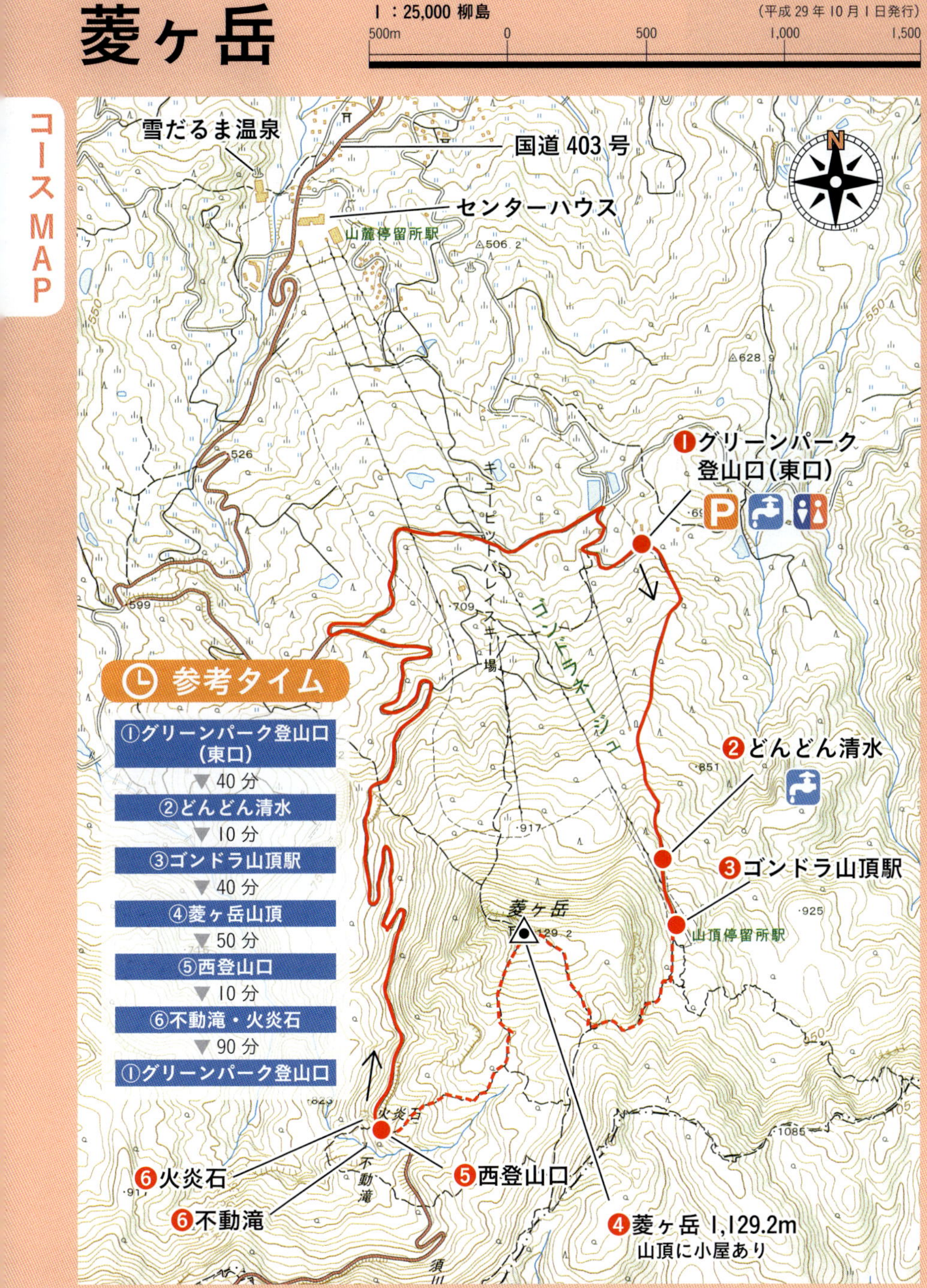

①～③牧峠　④関田峠の紅葉　⑤梨平峠　⑥残雪と美しいブナ林

【上越市・長野県飯山市】　まきとうげ

牧峠

上越の山々 41

高田ハイキングクラブ
七澤恭四郎

登山MEMO

標高
975m

登山口から山頂まで	2時間50分	難易度	★☆☆☆	適期	5月下旬～10月下旬
交通	北陸自動車道上越ICから板倉区に入り、光ヶ原高原を目指す。登山口まで車で約40分。				
マイカー	関田峠に駐車場あり（約10台）。				
水場	光ヶ原森林公園の施設を利用。				
トイレ	光ヶ原森林公園の施設と茶屋池ハウス。				
最寄りのコンビニ	付近にコンビニはない。事前準備が無難。				
アドバイス	①関田峠から長野県側に行った所に茶屋池という池があり、付近にトイレや休憩所がある。②5月中旬でも県道が雪で通行止めのときがある。道路状況を要問い合わせ。				
問い合わせ	上越市板倉区総合事務所　☎0255-78-2141 上越市牧区総合事務所　☎025-533-5141 信越トレイルクラブ事務局　☎0269-69-2888				

41 牧峠【上越市・長野県飯山市】★☆☆☆

牧峠は関田《せきだ》山塊の中央よりやや東にあり、上越市牧区と長野県飯山市と隣接している。

この峠は古来関田街道の脇道として、越後と信濃の交易道で、江戸時代、高田藩の小町問屋を通さない抜荷が公然とあったようである。また江戸末期から明治にかけては、峠を挟んだ双方の集落の祭りで、旅芸人や草相撲が行き交った道でもある。

今回紹介するコースは、春の残雪と新緑、初夏の高山植物の花、秋の紅葉は寂しさや憂いのような感情を呼び起こすなど、去るものの美学を心に残す山歩きが楽しめる。

コースガイド

関田峠へは、県道95号線（上越飯山線）で光ヶ原高原へ向かう。グリーンパル光原荘を過ぎると、登山口のある**関田峠**❶に到着する。登山口は二つあるので注意したい。ここでは東にある「関田トレイル（信越トレイル）関田峠」の標柱のある方を登る。もう一つは西側の「黒倉・鍋倉（次項で紹介）」の登山口だ。

東に延びる関田山塊の尾根上の山道は、雪の重みによる湾曲したブナとウリハダカエデ、カメノキ、ヤマウルシ、マンサク、タムシバ、ネマガリダケなどが混在している。起伏のない道から少し下って湿地帯に入ると、ナベクラザゼンソウという希少種を見ることができる。

ブナ林の中を進んでいくと、途中ところどころで、新潟・長野両県への展望が開ける。特に残雪の多いときは遠望が利き素晴らしい。1時間ほどで**梨平峠**❷に着く。時間があったら、南側の長野県飯山市羽広山集落の方に少し下って、整然と並んだブナの美しい林を見るのも良い。峠に戻ってまた尾根上の道を行く。しばらく行くと道を挟んで新潟県側に太いブナ林が広がっている。

梨平峠から1時間20分、尾根道を北東に下った窪地に神秘的な**牧ノ小池**❸がある。ここは貴重な日本の固有種であるモリアオガエルとクロサンショウウオの生息地である。産卵時期（6月上旬から中

湿地帯のナベクラザゼンソウ

旬）に行くと非常に面白い。池の上に張り出した枝の先に白い泡のような卵を産むのだが、これを抱接といって、一匹の大きい雌に数匹の小さい雄が抱きつき、雌が出す粘液をかき混ぜて泡状の巣をつくり、雌はその中に産卵する。卵の数は300〜400個というから、池の周りの巣の数からして、何万個もあるのだろう。夏の終わりに変態するころは、その辺にウジャウジャいるのかもしれない。

モリアオガエルの産卵

　少し登るころから新潟県側にかなりの年月を経たブナ林があり、見応えがある。下ると**牧峠**④だ。峠からは北側を望むと頸城《くびき》平野とその向こうに日本海、天気が良ければ佐渡島が遠望できる。また、この峠は越冬のために南下する絶滅危惧種のイヌワシ、ハチクマなど猛禽《もうきん》類の渡りのコースとなっている。毎年9月下旬から10月中旬くらいまで、全国から野鳥ファンが訪れる。

牧峠から米山を望む

　帰りは往路を戻ろう。時間があったら長野県側に少し下って、関田峠森林浴遊歩道の茶屋池を一周するといい。

立ち寄りスポット

牧湯の里　深山荘

☎ 025-533-6785
住 上越市牧区宇津俣 285

関田峠からは、県道95号線から県道30号線（新井柿崎線）を経由し、野尻から牧区に入って宇津俣まで行く。この温泉は宝暦7年に源泉が発見され、神経痛、皮膚病などに効能があるという。牧区の奥にある一軒宿だ。日帰り入浴料は大人520円、小学生310円。

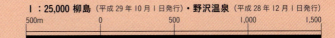

牧峠

1：25,000 柳島（平成 29 年 10 月 1 日発行）・野沢温泉（平成 28 年 12 月 1 日発行）

コースMAP

参考タイム

①関田峠登山口
▼1時間
②梨平峠
▼1時間 20 分
③牧ノ小池
▼30 分
④牧峠

下りは往路を戻るが、往路と同じくらい時間を見ておくとよい

高田から望む鍋倉山・黒倉山

【上越市・妙高市・長野県飯山市】なべくらやま

鍋倉山

上越の山々 42

高田ハイキングクラブ
七澤恭四郎

登山MEMO

標高
1,288.8m

登山口から山頂まで	1時間55分　難易度 ★☆☆☆　適期 5月下旬～10月下旬
交通	北陸自動車道上越ICから板倉区に入り、光ヶ原高原を目指す。登山口まで車で約40分。
マイカー	関田峠に駐車場あり（約10台）。
水場	光ヶ原森林公園の施設を利用。
トイレ	光ヶ原森林公園の施設と茶屋池ハウス。
最寄りのコンビニ	付近にコンビニはない。事前準備が無難。
アドバイス	5月中旬でも県道が雪で通行止めのときがある。道路状況を要問い合わせ。
問い合わせ	上越市板倉区総合事務所　☎0255-78-2141 信越トレイルクラブ事務局　☎0269-69-2888

42 鍋倉山【上越市・妙高市・長野県飯山市】★☆☆☆

関田《せきだ》山脈の最高峰「鍋倉山」は、妙高市と長野県飯山市の境界にあり、高田平野から見る黒倉山《くろくらやま》と双耳峰をなしている。
この山脈は、新第三紀の海の堆積面が年月を経て隆起し続けてできた特異な山脈だ。
関田峠をはじめ、山域に点在する峠には、ほとんど新潟県側の麓《ふもと》の集落名が付いている。これは上杉時代に統治したときの名残のように思われる。

コースガイド

前項の「牧峠」同様、鍋倉山の登山口は**関田峠**❶にある。駐車場に車を止め、「黒倉山登山道」の案内板を見て入ると、コースはよく整備された登山道となり、稜線伝いに南西への主稜縦走となる。

春先であればムラサキヤシオツツジ、ユキツバキ、タムシバ、オオカメノキの咲く傍らを通って、マルバマンサク、リョウブ、ナナカマド、コシアブラ、ウリハダカエデのある道を行く。雪消え間もない斜面をカタクリの群落が彩り、ブナ林の新緑を見て進む。途中、関田峠森林浴遊歩道への入り口がある。

筒方峠《とうがた》❷では春先にまだ雪田が残っており、太いスギの木の傍らから登りが続くが、両側のやぶにシラネアオイ、エンレイソウ、オオイワカガミ、コシノカンアオイなどが咲き、心を癒やしてくれる。

やがて**黒倉山の頂上**❸となる。前方に光ヶ原高原、高田平野、北西に南葉《なんば》山塊、北の海岸線から米《よね》山《やま》、尾神岳《おかみだけ》が一望できる。光ヶ原は1200年代、親鸞配流時に、専修《せんじゅ》念仏による民衆救済のため布教した峠道でもあり、この原野に野宿したとき、後光が差したとの伝説が残る。

茶屋池

黒倉山からは南へ小さなブナ林を下って、鞍部の久々野《くぐの》峠に立つ。ここには巨木の谷に行く道標があり、行く場合はブナの原生林の中を下って30分ほどで巨木「森太郎」に出合う。

久々野峠から鍋倉山の山頂を目指すが、6月上旬まで北西を向いた沢筋には雪渓があり、登山道が分かりにくい。十分注意しよう。雪渓が終わると**鍋倉山の山頂**❹である。山頂の木を刈り払った所から、南葉山塊、火打山《ひうちやま》、妙高山《みょうこうさん》を望むことができる。南西には仏《ほとけ》ヶ《が》峰《みね》への登山道が続く。

下山は往路を戻って関田峠へと下る。帰りに茶屋池まで足を延ばし、茶屋池ハウスに休憩しながら池とブナ林を観賞するのも良い。

筒方峠(上の写真)には小さな池(下)もある

鍋倉山途中のブナ林

立ち寄りスポット

ゑしんの里　やすらぎ荘

☎ 0255-78-4833
住 上越市板倉区久々野 1624- 1

浴槽が大小二つあり、大浴槽に無色透明の飯田温泉、小浴槽に淡黄色透明、わずかに塩味のする大峯温泉が引き込まれている。泉質の異なる二つの温泉を同時に楽しめるのがうれしい。日帰り入浴料は大人 520 円、小学生 310 円。

林野庁指定の森の巨人たち100選「森太郎」

鍋倉山

1：25,000 野沢温泉　(平成28年12月1日発行)

500m　0　500　1,000　1,500

箕冠山（箕冠山城址）

【上越市】 みかぶりやま

箕冠山

高田ハイキングクラブ
七澤恭四郎

上越の山々
43

登山MEMO

標高
242m

登山口から山頂まで	25分	難易度	★☆☆☆	適期	4月上旬～12月上旬
交通	えちごトキめき鉄道新井駅至近の新井バスターミナルから頸南バス利用。菰立線で終点の菰立下車。				
マイカー	県道30号線（新井柿崎線）で上越市板倉区を目指す。熊川交差点で県道254号線に入り直進。中之宮で右に入って菰立集落へ。箕冠城城跡公園の矢印に沿って、棚田の農道を下ると駐車場がある。				
水場 / トイレ	箕冠山本丸下、溜め池の近くにある（4月中旬から11月上旬まで利用可能）。				
最寄りのコンビニ	付近にコンビニはないが、山部集落にスーパーマーケットがある。				
アドバイス	帰りに上越市板倉区久々野にある温泉「ゑしんの里やすらぎ荘」で汗を流したい（施設の詳細は「42. 鍋倉山」の項を参照）。				
問い合わせ	上越市板倉区総合事務所 ☎0255-78-2141　頸南バス ☎0255-72-3139				

43 箕冠山【上越市】★☆☆☆

箕冠山は中世戦国期の山城である。
この城を居城としていたのは上杉謙信の重臣大熊備前守朝秀《おおくまびぜんのかみともひで》だが、弘治2（1556）年、越後国内の紛争と謙信の出家騒動があったとき、武田信玄の調略によって反旗を翻し、武田氏に下っている。朝秀出奔後の箕冠城については諸説があり、明らかになっていない。
頂上（本丸跡）は東・西・北の三面に眺望が利く。すぐ下には新幹線が通っており、その先に春日山、高田平野が一望できる。
高田城址よりもサクラが2～3日遅く、平野の南部から箕冠山を遠望すると実に奇麗である。

コースガイド

菰立《こもだて》集落にある箕冠城城跡公園の矢印に従って、棚田を見ながら少し下る。程なく箕冠城城跡案内板のある**駐車場❶**に到着。ここから整備の行き届いた山道を登っていこう。

菰立集落に立つ
箕冠城城跡公園への道標

道の両側には、コナラ、ヤマザクラ、ヤマウルシ、マンサク、モミジ、カメノキ、アズキナシ、コシアブラ、クロモジ、ガマズミなどがある。その中でアカマツやナラの枯れ木が目立つ。日の当たる林床には小さなヤブコウジ、ツルリンドウ、イカリソウが見られる。

4月中旬、山道から箕冠城出丸跡の南面を望むと、見事なカタクリの群落が、咲き始めのサクラと美しさを競い合っている。道下には鎧《よろい》井戸と呼ばれる直径2mの大井戸がある。

少し行くと右下に溜め池があり、春先には可憐なミズバショウが咲いている。その東側には土塁があり、ヤマツツジ、タニウツギ、ツノハシバミ、ムラサキシキブが見られる。池の淵にあるサクラの木の下に清水の湧き口、少し上に古木の梨木があり、その向こうにトイレと水道が設置されている。正面に箕冠城址石柱と史跡箕冠城跡の看板がある。

ここで箕冠城跡について、あらためて触れておきたい。

箕冠山は標高242m、東西北

シーズンには
ミズバショウの花が彩る溜め池

史跡箕冠城址の石柱が立つ山頂

横堀

の三面が切り立った独立峰で、山裾を大熊川、小熊川が流れ、天然の砦を成している。山の南方は関田《せきだ》山系の丘陵がここまで延びている。

箕冠城址は、箕冠山の山頂部（本丸跡）を中心に、東西約400m、南北約300mの範囲に大規模な人工的工作を施して防御機能を強化したもので、今なお、中世・戦国期の山城としての特色遺構が多く残されているという。

頂上に登り始めると、帯郭と横堀（空堀）がある。北面にあるシャガ見ながら曲輪《くるわ》を登って、**頂上（史跡箕冠城址）**❷に着く。

山頂での眺望は南東の方角、サクラの枝越しに関田峠から黒倉山《くろくらやま》、南西に長野県の黒姫山《くろひめやま》があり、新潟県に入って妙高山《みょうこうさん》、火打山《ひうちやま》、焼《やけ》山《やま》、海谷《うみだに》山塊、容雅山《ようがさん》、大毛無山《おおけなしやま》、粟立山《あわだちやま》、南葉《なんば》山塊と高度を下げ、春日山、日本海へと続いている。高田平野を挟んだ向こうの海上には佐渡島、陸地に目をやれば米山《よねやま》、尾神岳《おかみだけ》、刈羽黒姫山《かりわくろひめやま》が見える。

百花繚乱《りょうらん》の4月中旬以降、ここ箕冠山の山頂でサクラを愛でれば最高であり、古《いにしえ》の思いに浸るのも良い。そんな中、北側下には飯山トンネルから出た北陸新幹線が上越妙高駅へと向かっていく。箕冠山は新と旧が入り混じる場所なのだ。

帰りは同じ道を戻って駐車場に帰ろう。下山後は板倉区久々野にある温泉「ゑしんの里やすらぎ荘」で汗を流し、少し上った所にある「山寺薬師」や、下って「ゑしんの里記念館」に立ち寄ってもいい。

咲き始めのサクラとカタクリの競演（写真提供：新井　広）

箕冠山

1：25,000 新井　（平成27年10月1日発行）

500m　0　500　1,000　1,500

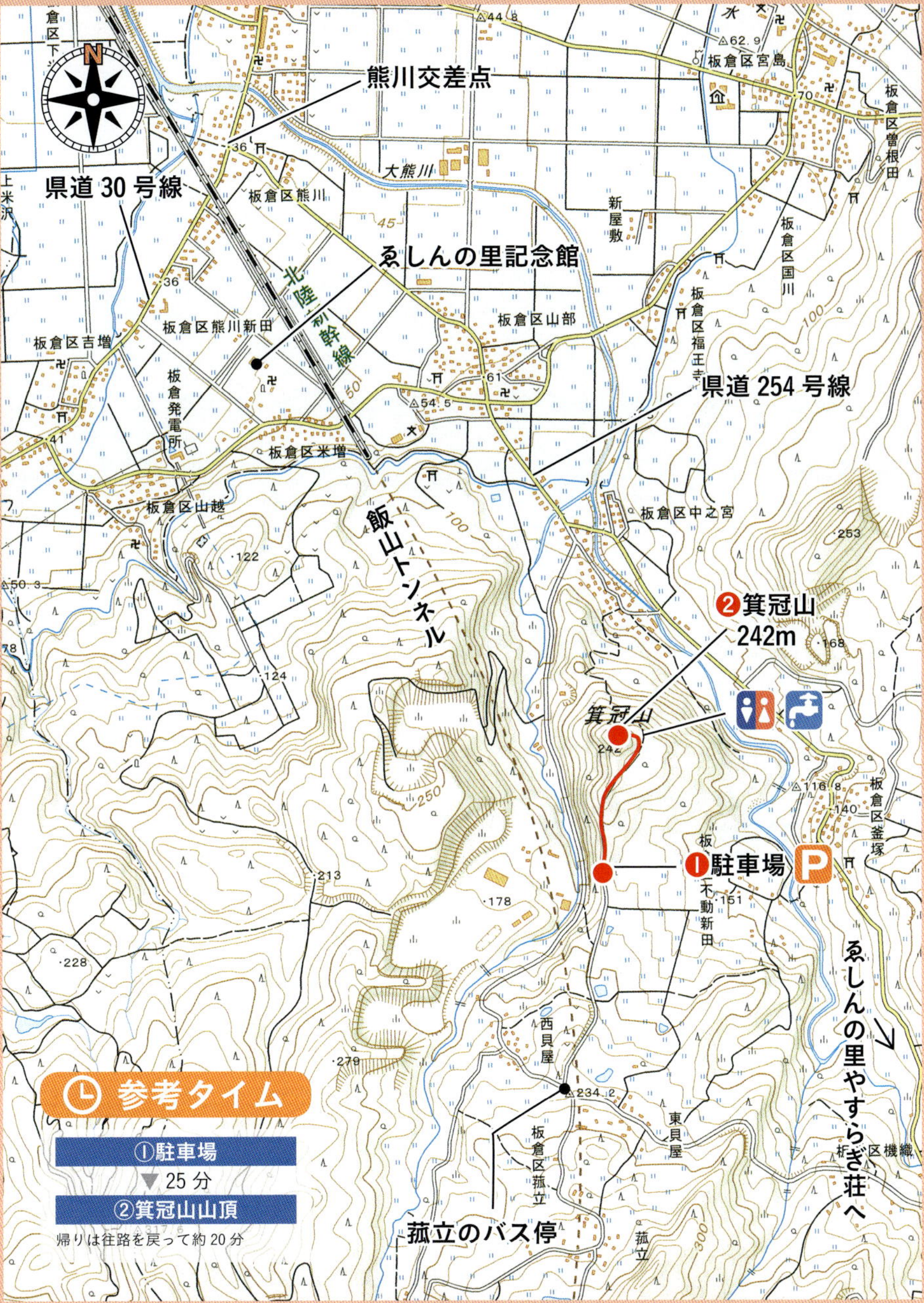

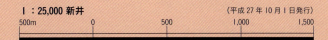

夢見平と妙高山（中央火口丘）の外輪山の三田原山

【妙高市】ささがみね ゆめみだいらゆうほどう

笹ヶ峰 夢見平遊歩道

直江津山岳会
長谷川喜行

上越の山々 44

登山MEMO

標高
1,250m付近

遊歩道一巡	３時間　難易度 ★☆☆☆　適期 ５月中旬～11月初旬
交通	えちごトキめき鉄道妙高高原駅から笹ヶ峰行きバスで50分、乙見湖バス停下車。または駅からタクシーで30分。
マイカー	上信越自動車道妙高高原ICから18km。笹ヶ峰乙見湖休憩舎の駐車場（約20台）を利用。
水場	乙見湖休憩舎と夫婦泉。
トイレ	乙見湖休憩舎と林道終点の夢見平避難小屋。
最寄りのコンビニ	登山口付近にコンビニはない（自動販売機のみ）。国道18号豊橋交差点にコンビニあり。
アドバイス	①ミズバショウが咲き始めるころは残雪があるので足元に注意。 ②バスの運行日は要確認（頸南バス ☎0255-72-3139）。
問い合わせ	妙高高原観光案内所　☎0255-86-3911

44 笹ヶ峰 夢見平遊歩道【妙高市】★☆☆☆

笹ヶ峰は、妙高戸隠《みょうこうとがくし》連山国立公園の三田原山《みたはらやま》や神道山、黒姫山《くろひめやま》などに囲まれた標高1300mに広がる高原で、牧場を中心にキャンプ場や百名山の妙高山《みょうこうさん》、火打山《ひうちやま》の登山口となっている。

また、遊歩道も充実していて、中でも夢見平遊歩道は森林セラピーロードに指定されていて、早春から晩秋まで気軽に自然に触れ合えることから初心者でも十分楽しめるコースになっている。

コースガイド

ここでは夢見平散策コース（ショートコース）から歴史的見どころ満載の妙高簡易製材所跡を巡るロングコースを紹介しよう。

えちごトキめき鉄道妙高高原駅から笹ヶ峰行きバスに乗り、乙見《おとみ》湖で下車。笹ヶ峰乙見湖休憩舎前の神道の門が**遊歩道の入り口**❶となる。笹ヶ峰ダムを渡り対岸の急な階段を登ると、水を満々とたたえた乙見湖の奥に、噴煙を上げる焼山《やけやま》、それに連なる金山《かなやま》、天狗原《てんぐはら》山《やま》の山並みが一望できる。

山道に入るとすぐにトロッコ軌道跡の道となり、水平な道なので歩きやすい。**遊歩道を一巡する合流点**❷を過ぎると蓑《み》の池という小池がある。春にはクロサンショウウオの卵をたくさん見ることができる。道の両側をミズバショウやカタクリが咲く中を進めば、大きなミズナラの御神木を従えた稲荷神社に着く。

カラマツやスギの林を抜け、天狗の涙川、唄い川の小沢を渡ると夫婦泉の水場で水を補給できる。その先に**遊歩道の分岐点**❸があり、そのまま軌道跡をたどれば直

ミズバショウが咲く遊歩道

乙見湖と右から焼山、金山、天狗原山

接夢見平へ行けるショートコースなので、体力に合わせて利用すると良い。

苗名滝

妙高簡易製材所跡

ここでは右の山道に入り、こらしょ坂を登る。カラマツ林、杉林、ブナ林と続き、信平橋の丸太を渡り緩やかに下れば、黒姫・御巣鷹林道終点に出る。夢見平避難小屋があり、トイレや休憩ができる。

避難小屋から5分ほどでミズナラの巨木を右に見ると、**妙高簡易製材所跡**❹に着く。基礎の部分が今も残り、こんな人里離れた山奥で生活していたとは驚かされる。

氷沢《ひょうざわ》神社からブナ林を下ると再び水平な軌道跡の道となる。炭焼き窯跡や軌道を支える石垣が当時の面影を今に残している。ハルニレの大木を過ぎ、六美《むつみ》展望台に登れば、焼山、火打山、三田原山を眺望できる。

展望台からしばらく行くと分岐点で、先は通行止めになっているので、しょうぶ池を経由して夢見平に向かう。シラカバの林から視界が開けてくれば、湿原の広がる**夢見平**❺に着く。春にはミズバショウが一面に広がり、絶景スポットになっている。

しょうぶ池に戻り、白樺通りからズミのトンネルを抜け富治《とみじ》橋を渡る。小鳥の森からひと登りすれば遊歩道一巡の合流点で、あとは来た道を戻れば笹ヶ峰ダムまですぐである。

立ち寄りスポット

苗名滝と杉野沢温泉「苗名の湯」

☎ 0255-86-6565
住 妙高市杉野沢 2030

日本の滝百選に入っている苗名滝。水量が多く、名瀑にふさわしい。苗名滝と苗名の湯は、どちらとも行き返りに通る杉野沢地区にある。苗名の湯の入浴料は大人 450 円、子ども 300 円。

コースMAP

笹ヶ峰
夢見平遊歩道

1：25,000 妙高山　（平成27年8月1日発行）

500m　0　500　1,000　1,500

千丈ヶ岳南西壁

【糸魚川市】 うみだにけいこく・うみだにこうち

海谷渓谷・海谷高地

とーろっこ山の会
古畑雅一

上越の山々 45

登山 MEMO

標高 800m付近

登山口から海谷高地まで	1時間5分　難易度 ★☆☆☆　適期 6月～11月
交通	えちごトキめき鉄道糸魚川駅から西海線来海沢行きバスで終点下車、登山口の海谷三峡パークまで徒歩8.3km。タクシー利用は糸魚川駅から三峡パークまで約40分。
マイカー	海谷三峡パークまでは国道8号押上西交差点から県道221号線で約35分。第1駐車場（約30台）、第2駐車場（約50台）あり。
水場	海谷三峡パーク、駒の川、海川。
トイレ	海谷三峡パークにトイレあり。
最寄りのコンビニ	登山口付近にコンビニはない。県道221号線沿い、糸魚川高校付近にコンビニあり。
アドバイス	①海谷高地に至る登山道は、雪や雨でかなり傷んでおり、慎重な登山が求められる。②紅葉は10月中旬以降が見頃。体力に自信がない方も海谷三峡パークから十分景色が楽しめる。
問い合わせ	糸魚川市商工観光課 ☎025-552-1511　糸魚川市西海公民館 ☎025-552-0268

45 海谷渓谷・海谷高地【糸魚川市】★☆☆☆

海谷高地は、海谷渓谷のハイキング最終到達地である。昔は「732高地」と呼ばれていたが、近年の測量で732mではないことが判明した。そこで地元では「海谷高地」、または水力発電の取水口が設けられていることから「取り入れ口」と呼んでいる。海谷高地は「越後の上高地」と称されるが、これは河原のケショウヤナギが上高地を連想させているのかもしれない。

特に秋、紅葉の時季が美しく、登山口の海谷三峡パークからでも十分に景観を堪能できる。

コースガイド

出発地点は**海谷三峡パーク**❶である。水はコース途中の駒の川や海川でも補給できるが、三峡パークの炊事棟か登山口に海谷山塊駒ヶ《こまが》岳《たけ》の伏流水が出ている場所があるので、そこで補給しておくと良い。

海谷三峡パークは、海谷山塊駒ヶ岳の登山道起点にもなっている。海谷高地へは、駒ヶ岳登山口と反対側の左へと進む。ひと登りで公園に併設された展望台に着く。千丈ヶ岳《せんじょうがたけ》南西壁、奥に鉢山《はちやま》の雄姿と、その渓谷美に思わず息をのむ。

登山道は展望台から下りとなる。しばらく歩くとブナの森と呼ばれる美しいブナ林を通過する。

海谷三峡パーク

その後、右へ大きくカーブするとはるか前方に川が見えてくる。**駒の川**❷だ。この川も増水で橋が流されたりするが、発電所の方々の手により修復されている。

橋を渡り巨岩の下を潜り抜け、さらに下降を続けること15分、対岸に千丈ヶ岳南西壁を流れる滝が見えてくる。水が宙を舞わず、岩肌を舐めるように流れていることから「なめ滝」と呼ばれている。

さらに下降を続け、アルミのはしごを降りると、海川の河原に着

息をのむ渓谷美。正面に鉢山がそびえる

く。以前は発電所の方々が増水時に川を渡るため、ワイヤーロープを張り、一人乗りの滑車がついた渡しを使っていたが、洪水でその土台が流され、以後修復はなされていない。地元の人たちが、この場所を「**くり越し**❸」と呼んでいるのはその名残である。ここで渡渉となるが、渡れる場所は限られており、なるべく川に入らなくて済む場所を選んで渡ることになる。渇水時なら子供から高齢者まで難なく渡れるので問題ない。しかし、雨後や発電所の工事時はかなり水量が増すので、無理をして渡らない方が賢明である。

駒の川。巨岩の下を潜る

なめ滝

　海川を渡ると登りになる。左に「燕《つばくろ》あぶき」と呼ばれるオーバーハングの大岩壁、振り返れば高地岳の岩壁が迫りくる。程なくして**七曲坂**❹に着く。前半が下りだった分、後半の登りはつらいものがあるが、ここが踏ん張りどころである。ここを過ぎれば比較的緩い登りになる。

　狭い谷間を縫うように登っていくと、発電所取水口の建物が見える。登山道は以前、発電所へ向かって付けられていたが、度重なる豪雨の被害で川を渡れなくなった。今は地元の人が付け替えてくれた登山道を登ることになる。発電所を右に見ながら進むと、程なく**海谷高地**❺に到着する。

　今までの狭かった谷間の風景が一変し、広い河原となる。旗振山《はたふりやま》南壁が迫り、谷の奥に金山《かなやま》が見える。ケショウヤナギが群生するこの景色こそ、まさに「越後の上高地」だ。下山は来た道を戻ることになるので、「くり越し」までは下り、海川を渡ってからは登りとなる。

ケショウヤナギが群生する海谷高地

海谷渓谷・海谷高地

1：25,000 越後大野　（平成27年8月1日発行）

500m　0　500　1,000　1,500

地域のシンボル的な山「戸倉山」

【糸魚川市】

戸倉山《とくらやま》

いりやま山岳会
猪又定次

上越の山々
46

登山MEMO

標高
975.6m

登山口から山頂まで	1時間35分	難易度	★☆☆☆	適期	4月下旬〜10月
交通	えちごトキめき鉄道糸魚川駅から根知線別所行きバスで終点下車、登山口の雨飾山麓しろ池の森まで徒歩3.1km、45分。				
マイカー	北陸自動車道糸魚川ICから国道148号「根知谷入口」交差点を左折、県道225号線を直進。別所バス停を経て大久保地区の入り口で右折し、雨飾山麓しろ池の森を目指す。駐車場は約60台。				
水場	雨飾山麓しろ池の森「原の館」を利用。				
トイレ	「原の館」と「しろ池休憩所」。				
最寄りのコンビニ	登山口付近にコンビニなし。国道148号沿いの大野にあり。				
アドバイス	クマに注意。ラジオや鈴必携。				
問い合わせ	糸魚川市商工観光課　☎025-552-1511　糸魚川バス　☎025-552-0180				

46 戸倉山【糸魚川市】★☆☆☆

フォッサマグナ（糸魚川―静岡構造線）の糸魚川地域の根知谷の南にあり、長野県との県境にある。古くから地域のシンボル的な山であり、地域の田んぼの水源涵養《かんよう》や林業の根源をなしてきた。

頂上は非常に展望が良く、南に白馬・大町方面、東に日本百名山の雨飾山《あまかざりやま》、焼山《やけやま》、海谷《うみだに》山塊の鋸岳《のこぎりだけ》、鬼ヶ面山《おにがつらやま》、駒ヶ岳《こまがたけ》、南西に北アルプス白馬岳《しろうまだけ》から日本海に連なる稜線、北に根知谷と姫川に沿って広がる平野と日本海につながるフォッサマグナの地形を望む。

コース中には「しろ池」「蛙池」「角間池」があり、しろ池の青い湖面に逆さに映る雨飾山、鋸岳、鬼ヶ面岳、駒ヶ岳の姿も絶景だ。

コースガイド

登山口となる**雨飾山麓しろ池の森駐車場**❶で案内板を見て、周辺の状況を把握して南の「しろ池」へ向かう。駐車場から「しろ池」までは車道（車の進入禁止）と歩道があり、行きは車道を進む。

400mほど行くと赤坂峠に着く。戸倉山の標識やしろ池・恵穂の道標があり道が分かれる。ここは戸倉山への歩道をとる。しばらく行くと舗装の小道に合流し、トイレと休憩所に着く。ここからすぐに**しろ池**❷に出て、鐘の塔付近からゆっくりと池と周辺の景色を楽しもう。

池の西方向に塩の道の道標があり、戸倉山・角間池の標識がある。ここから古道「塩の道・松本街道」を進む。昔、糸魚川から松本城下までを結び、歩荷《ぼっか》や牛が荷物を運んだ交易の道だ。急な傾斜や危険のないよう緩やかに開設されており、幅も牛が交差しても荷物が当たらないよう考慮されている。少し進むと諏訪社の祠《ほこら》がある。

この先、くねくね、ジグザクと曲がる道を進んでいく。正面に古い石の道標「〇右松本街道・大網、左中谷道横川」が現れ、右に進む。道の両側には白いサンカヨウ、エンレイソウ、スミレ、ユキツバキ、タムシバの花が見られる。道脇のブナの木の幹には赤いペンキの

しろ池と鐘の塔

諏訪社の祠。奥には青い湖水のしろ池

マークが付けられている。高さ6mぐらいの位置だろうか、この地の雪深さを表している。やがて休憩小屋のある**角間池**❸に着く。しろ池から約30分（700m）だ。

小谷村の案内板を過ぎると標柱・看板があり、右折するといよいよ戸倉山への登山道に入る。急な登坂となるが、道はよく整備されている。道の両端にはイワカガミの群生があり、春にはピンクの花道となって登山者を迎えてくれる。タムシバやミツバツツジも咲き見事である。

尾根に出ると右折する。階段のある尾根を進み、大きな天然杉を過ぎるとアップダウンがあり、平坦な道となって展望の良い場所に着く。北アルプスを望みながらひと息入れよう。最後は最も急な段々の登りとなる。20分すると視界が開け**戸倉山山頂**❹となる。赤土の山頂は360度の大パノラマ、眺望絶佳だ。

下山はしろ池まで往路を戻る。山頂から角間池間は、雨で道が濡れているときは滑って転倒しないよう十分気を付けたい。しろ池で周遊の道を歩き、青い湖面に映る逆さの山容と実際の山容を見比べながら一周しよう。蛙池や下方のブナ林も見応えがある。

しろ池からは車道を周辺の景色を見ながら下る。赤坂峠から見晴らしの丘へ進み、山道を少し上がる。ナラ、カエデの雑木林の中の小道を、春は新緑を楽しみながら、秋は紅葉と落ち葉を踏む感触を味わいながら、駐車場へ戻ろう。

山頂から北アルプスを望む

山頂から東方向。海谷山塊や雨飾山など

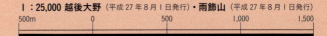

戸倉山

1：25,000 越後大野（平成27年8月1日発行）・雨飾山（平成27年8月1日発行）

500m　0　500　1,000　1,500

コースMAP

参考タイム

①雨飾山麓
しろ池の森駐車場
▼25分
②しろ池
▼30分
③角間池
▼40分
④戸倉山山頂

下りは山頂からしろ池まで50分、しろ池と蛙池を周遊して駐車場まで55分

青海川河口から勝山全景

【糸魚川市】 かつやま

勝山

いりやま山岳会
猪又定次

上越の山々
47

登山MEMO
標高
328.3m

登山口から山頂まで	50分	難易度	★☆☆☆	適期	4月下旬（新緑）〜10月（紅葉）
交通	えちごトキめき鉄道青海駅から国道８号を富山方面へ徒歩で約30分。				
マイカー	北陸自動車道糸魚川ICから国道148号横町交差点を左折し国道８号を富山方面へ。姫川、青海川を過ぎ登山口まで15分。駐車場は登山口から200m進み、勝山洞門４の手前に10台。				
水場	コース中にはない。				
トイレ	コース中にはない。				
最寄りのコンビニ	登山口付近にコンビニなし。途中の国道８号沿線にあり。				
アドバイス	クマに注意。ラジオや鈴必携。				
問い合わせ	糸魚川市青海事務所　☎025-562-2260				

47 勝山【糸魚川市】★☆☆☆

勝山は親不知《おやしらず》・子不知《こしらず》県立自然公園の子不知側（青海）にある。海岸は昔の北陸街道で、日本海に切り立った勝山は、眼下に北陸街道を監視できる要衝の地であった。

この地に建てられた勝山城は、越中との国境を防備する重要な城とされ、天正13（1585）年、上杉景勝と羽柴（豊臣）秀吉が同盟を結んだ場所といわれている。

コースガイド

登山口❶は国道8号脇、勝山城址登山道の石碑がある階段を上っていく。落水谷川に沿って進み、堰堤《えんてい》の手前で右折する。春はカタクリの花、秋はトリカブトを見ながら急な坂道を進み、ツバキのトンネルを抜けると尾根に出る。眼下には日本海が広がる。

ジグザグに曲がった道が続き、右側にカンアオイ、イワカガミ、チゴユリの花が咲く。ササユリも所々に顔を出す。20分で石の頭がゴツゴツとした急な尾根道となる。滝の音を聞きながら進むと、やがて右側に日本海まで切れ落ちた崖が現れる。ここからさらに急勾配となり、登り用補助ロープが3カ所（10m、5m、20m）設置されている。しっかりつかまって登ろう。さらに鉄ハシゴ（5段）を過ぎると鎖場となる。左側の崖に注意したい。

鉄ハシゴが設置された急な登り

5mの鎖場を過ぎると標高250mの標識が現れる。振り返って糸魚川・上越方面の景色を見る。ここを登ると、さらに急な登りだ。鉄ハシゴ（9段、6段、7段）、鎖の付いた鉄ハシゴ（10段、7段）を登っていく。このハシゴを登り切ると勾配が緩やかになり、やがて平らな**勝山山頂（城址）❷**となる。

山頂平坦部の南奥には三等三角点、勝山の説明板、石祠がある。ここ勝山城は天正13年、上杉景勝と

山頂（勝山城址）の様子

展望所から市振・宮崎方面

山頂から糸魚川方面

直江兼続《なおえかねつぐ》が、越中の佐々成政《さっさなりまさ》征伐を終えた羽柴（豊臣）秀吉、石田三成と会見した場所といわれている。展望は南東に黒姫山、東方に糸魚川・上越方面へと延びる海岸線が続いている。天候により北の水平線上に佐渡島も見られる。この場所から春日山城に緊急の狼煙《のろし》を上げたともいわれている。

石祠の横を通り西方へ進む。道の肩にイワカガミやイワウチワがピンクの花をつけて迎えてくれる。道の右側が崖になっているので注意しながら進むと、平坦なナラの木の林が見られる。旧屋敷跡だ。ここを過ぎると小高い場所が現れ、展望所となる。ここから西方に市振・越中宮崎へ延びる海岸、さらに北西の水平線上に能登半島が見える。先ほどの展望よりもさらに見晴らしが良い。

帰りは来た道を戻ろう。山頂の広場で十分休憩を取って下山する。糸魚川方面の海岸線の景色を見つつ、岩がゴツゴツ、石がゴロゴロ、ハシゴ、鎖と気の抜けない道をゆっくりと下る。なお、勝山は全行程で1時間30分ほど、下山後は青海海岸でヒスイの原石や奇麗な石を探してもいいだろう。少し足を延ばして、天険親不知や青海川ヒスイ峡にも立ち寄りたい。

立ち寄りスポット

フォッサマグナ糸魚川温泉　ひすいの湯

☎ 025-553-2222
住 糸魚川市大野 298-1

糸魚川 IC からほど近い、県下有数規模の日帰り温泉施設。地下 1,000 m の地層から自噴している源泉は、塩辛く、独特の臭いが特徴。入浴料は大人 850 円、子ども 450 円。

勝山

1：25,000 糸魚川　(平成27年11月1日発行)

500m　0　500　1,000　1,500

参考タイム

①登山口

▼50分

②勝山山頂

下りは往路を戻って30分

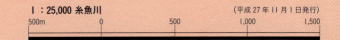

林道から権現岳

【糸魚川市】

権現岳《ごんげんだけ》

上越の山々 48

火打シャルマン友の会
清水文男

登山 MEMO

標高
1,104m

登山口から山頂まで	2時間40分　難易度 ★★★☆　適期 5月下旬〜11月初旬
交通	えちごトキめき鉄道能生駅から西飛山行きバス、柵口バス停下車（日曜、祝日、旧盆等は本数減注意）。登山口まで林道を徒歩約2km、40分。タクシーは能生駅前から利用可能。
マイカー	北陸自動車道能生ICから県道246号線で柵口を経由し登山口まで約15km。駐車場5台程度。
水場	登山口に水場あり。
トイレ	登山口周辺にトイレはない。
最寄りのコンビニ	能生IC出口と能生駅の間（500mぐらい）にコンビニあり。
アドバイス	①全コースに鎖、ロープが点在する。標高は低いが油断は禁物。②シャクナゲ大群落の観察は5月上旬（残雪あり）が適期。③鉾ヶ岳への縦走コースもお勧め。
問い合わせ	糸魚川市能生事務所　☎025-566-3111　糸魚川バス　☎025-552-0180

48 権現岳【糸魚川市】★★★☆

能生谷と早川谷の間に位置し、鉾ヶ岳《ほこがたけ》と連なる大きな岩の塊の様相の権現岳は、霊峰と呼ばれ山頂下には白山権現（白山奥社）が祭られている。

以前は深夜0時に出発するタイマツ登山を行っていたが、ここ数年は安全性の考慮で日中に変えている(復活を望む声も多くある)。

昭和61（1986）年1月に大規模な表層雪崩で13名もの犠牲者を出した山でも知られている。

麓《ふもと》には山の名前を冠した温泉宿泊施設「権現荘」などがあり、日帰り立ち寄り湯も利用できる。

コースガイド

柵口《ませぐち》バス停の手前から登山口に行く林道があるが、目の前にどんと立っているのが権現岳で大岩壁が迫ってくる。マイカーの場合は雪崩防止柵をくぐって行くと山全体の姿が確認できるのでお勧めだ。

登山口❶の駐車場は5台ほどの広さで、そばに大きなタンクの水槽があるので、ここでおいしい水をくんで行こう。見過ごしそうな登山道の入り口に「頂上まで2時間40分」の道標が立っている。スタートからいきなりの急登となるのでゆっくり行きたい。

駐車場前の水場

雑木林の中を進むと40分ほどで**白滝**❷という道標がある小休場に着き、振り返ると奇麗な滝が見える。ひと息入れたらわらじ脱ぎ場に向かう。その先からはロープ、鎖の連続となるので気を引き締めよう。

50分ほどで第一の名所、**胎内洞**❸に着く。名前の通り岩の隙間にできた25ｍほどのトンネルだが、暗くて曲がっているのでロープを頼りに通過する。胎内洞を出た所にまた小休場があるが、狭くて崖の縁になっているので注意が必要だ。急登を続けてどんどん高度を上げると眼下の景色もそれにつれ

白滝

てあっと言う間に変わってくる。少し進むと天狗屋敷の道標が見えてくるが祠《ほこら》が岩の後ろに隠れているので見過ごす人もいる。

　次は第二の名所、はさみ岩で体の大きい人は要注意。通れなくて戻った人もいるとか。無事通過したら**白山権現**❹の祠の前に出る。ここは能生海岸弁天岩奥にある国の重要文化財白山神社の奥社の位置付けになっている。登山の安全を願ってお参りしていこう。

白山権現（奥社）

　ここから先は少し緩やかな道を進み30分ほどで**山頂**❺に着く。登山道沿い、山頂周辺にはシャクナゲの大群落があり、5月上旬〜中旬はピンク色に染まる。頂上には麓《ふもと》からも良く見える積雪観測などの機能を備えた大きな鉄塔が立っている。今回の紹介には入っていないが、お勧め縦走コースの鉾ヶ岳が目の前に見える。そして妙高《みょうこう》山《さん》、火打山《ひうちやま》、焼山《やけやま》の久比岐《くびき》三山のパノラマが絶景だ。

権現岳山頂。奥中央は鉾ヶ岳

　下山は往路を戻るが、上り以上に時間がかかることもあるので余裕をもって行動しよう。白滝が見えたらまずはひと安心、登山口はもうすぐだ。

立ち寄りスポット

柵口温泉　権現荘

☎ 025-568-2201

住 糸魚川市大字田麦平 26-1

権現岳の名を冠した温泉宿泊施設。能生川に面した露天風呂が自慢で、日帰り入浴も楽しめる。大人 500 円、小人 300 円、幼児 200 円。

権現岳

1：25,000 横　（平成27年11月1日発行）

500m　0　500　1,000　1,500

参考タイム

- ①登山口
- ▼40分
- ②白滝
- ▼50分
- ③胎内洞
- ▼40分
- ④白山権現
- ▼30分
- ⑤権現岳山頂

下りは往路を戻って2時間20分

岡集落から見た清水山

【糸魚川市】 しょうずやま

清水山

上越の山々
49

いりやま岳友会
中村光信

登山
MEMO

標高
606.1m
(最高点675m)

登山口から山頂まで	1時間	難易度	★☆☆☆	適期	4月下旬～11月上旬
交通	JR大糸線小滝駅から登山口となるヒスイ峡フィッシングパークまで徒歩約4km、60分。				
マイカー	北陸自動車道糸魚川ICから国道148号、県道483号経由でヒスイ峡フィッシングパークまで約30分。駐車場は約50台。				
水場	沢水もあるが、ヒスイ峡フィッシングパークで給水した方が良い。				
トイレ	ヒスイ峡フィッシングパークの駐車場にトイレあり。				
最寄りのコンビニ	登山口付近にコンビニはない。事前準備が無難。				
アドバイス	所々に里道やら山菜取り、けもの道があり、ルートを間違えやすいので注意。				
問い合わせ	糸魚川市商工観光課　☎025-552-1511				

49 清水山【糸魚川市】★☆☆☆

この山は「清水山」と書いて「しょうずやま」と読む。糸魚川を代表する山、明星山《みょうじょうさん》（1188・5m）と対峙し、明星山の荒々しい岩壁を手に取るように見ることができる。明星山と同じく全山石灰岩の山だ。

目を見張るような大樹はないが、雑木林に覆われており、マンサクやツツジが多い。山菜などの山の恵みも豊かだ。

昔から地元ではこの山を「タカの巣」とも呼んでいる。トビやタカの貴重な営巣地で、渓谷に面した斜面では毎年のようにトビやタカが子育てをしている。大切に守っていきたい山域である。

コースガイド

清水山は山城の跡である。登山口は野口集落からとヒスイ峡からの2カ所だ。今回紹介するのはヒスイ峡からのルートで、送電線の巡視路が整備されてできた登山ルートである。

登山口となるのは「**ヒスイ峡フィッシングパーク❶**」で、水を補給してから出発しよう。横の沢を渡った所から登山が始まる。左手には岩壁が続き、右手の杉林を過ぎると、小高く開けた場所に出る。送電線の下で、草木が切り払われ明るくなっている。この先、登山道は送電線下の巡視路となる。

巡視路に沿って杉林を登っていく。急登ではあるが夏は涼しく、鉄塔を何基登ったか数えているうちに尾根に着く。途中、振り返って見ると、ヒスイ峡が眼下に認められる。南方には赤禿山《あかはげやま》、そして青々とした高浪《たかなみ》の池も見える。

ひと息入れて小さな登りを越えると清水山城跡だ。化粧屋敷と呼ばれる屋敷跡があり、雑木林の中には炭焼きの痕跡が残る。一段さらに登った所が本丸で、606・1m、**三角点❷**が据えられている。三角点までの登りは約1時間で、往路を戻っての下りは40分ほどだ。

参考タイムやコースマップには盛り込まなかったが、ここから最高点までは岩場となり、アスレチックよろしく木の根、草の根を通っ

登山口となるヒスイ峡フィッシングパーク駐車場。正面が清水山

高浪の池と明星山。右に清水山

清水山の岩壁を彩る紅葉

ていく。最高点の展望は良く、眼下の集落はもちろん、塩の道の大峰峠から菅沼峠までが見渡せる位置にあり、その直線上には根知城跡、さらに向こうには不動山城跡までが見渡せる。西に目をやれば明星山の南壁が荒々しく目に飛び込んでくる。この最高点は狭く、風が強いときは立っていることも難しいほどだ。

　下山は往路を戻る以外に、野口集落へのルートを使うこともできる。こちらも送電線に沿って整備された道だ。

　野口集落ではかつて清水山を薪取り山として利用し、昔からの山道が今も残っている。現在、この集落には人が住んでいない。集落の中ほどに古びたお堂があり、その前に数台駐車可能である。なお、相馬御風の発案でヒスイの探索を行い、小滝川でヒスイの原石を発見した伊藤栄蔵氏は、この野口集落に住んでいた。ヒスイの発見は今からちょうど80年前、昭和13（1938）年のことである。

明星山を背に最高点で。狭い岩の頂である

清水山

1：25,000 小滝
（平成 26 年 2 月 1 日発行）
500m 0 500 1,000 1,500
N
明星山
1,188.5m
国道148号へ
瀬野田
参考タイム
①ヒスイ峡フィッシングパーク
▼1時間
②清水山三角点
下りは往路を戻って 40 分
小滝川
最高点 675m
小滝川の硬玉産地
県道483号線
❷清水山三角点 606.1m
清水山
❶ヒスイ峡フィッシングパーク
P
高浪の池キャンプ場
県道 483 号線へ
高浪の池

枡形山全容

【糸魚川市】ますがたやま

枡形山

伊藤幸雄

上越の山々 50

登山 MEMO

標高 566.6m

登山口から山頂まで	約1時間30分　難易度 ★☆☆☆　適期 5月～10月末
交通	えちごトキめき鉄道能生駅から西飛山行きバス、溝尾バス停下車（日曜、祝日、旧盆等は本数減注意）。登山起点の駐車スペースまで徒歩約3.7km、1時間。タクシーは能生駅前から利用可能。
マイカー	登山起点の駐車スペースまでのアクセスはコースガイド参照。車は道路脇に駐車。
水場	付近に水場なし。
トイレ	付近にトイレなし。
最寄りのコンビニ	能生IC出口と能生駅の間（500mぐらい）にコンビニあり。
アドバイス	上越市名立区から花立峠への古道は未整備で通行不能。こちらから枡形山に登ることはできない。
問い合わせ	上南地区公民館　☎025-568-2533　糸魚川バス　☎025-552-0180

50 枡形山【糸魚川市】★☆☆☆

戦国上杉謙信の時代、春日山城から名立・早川・糸魚川の谷々を結ぶ文化・商業の道（延喜古道）があり、名立から能生越えの峠（花立峠）の監視と越中からの攻撃を伝令する狼煙《のろし》役として「谷内城」がこの山頂にあった。

枡形山の登山道は、何十年も存在が忘れられていた山道を、糸魚川山岳連盟、ツチノコ探検隊の協力を得て地元の「地域づくり協議会」が再開拓し、古くて新しい登山道として生まれ変わっている。なお、上越市名立区から花立峠に続く古道は、未整備のため現在は通行できない。

コースガイド

登山の起点は川詰集落のさらに奥、東谷内である。北陸自動車道能生ICから能生川沿いに県道246号線を進み、およそ10kmで「溝尾」のバス停を左折、1・5kmで川詰集落を最後に山あいに入り、さらに2・2kmで**駐車スペース❶**となる。「花立峠へ」の看板に導かれ、この先は徒歩で林道へと進む。

駐車スペースから20分で**花立峠❷**である。昔、薬売りや商人、旅銭稼ぎの芸人たちが行き交った、その人々の安全を見守ってくれた「お地蔵様」にあいさつをして、その脇を右に折れる。ここからは山道を約2km、枡形山山頂までゆっくり1時間10分、尾根道の初級者向けのコースを歩く。

お地蔵様から20分で右からの林道終点を横切る。復路はこれを下ると駐車スペース付近の林道に出る。さらに10分も進むと左に旧名立町の谷筋から日本海、右に地元の1200m級の山「権現岳《ごんげんだけ》・鉾ケ《ほこが》

花立峠のお地蔵様

花立峠。標識に従い右に折れて枡形山へ

尾根につけられた登山道の様子

コース途中で林道終点を横切る。「右に下ると近道」の標識が立つ

岳《たけ》」を望むことができる。

城跡の名残を残す掘割を越えるとしばらく急坂が続くが、疲れたなと感じる頃には頂上付近の掘割、土塁に達し、春ならシラネアオイが出迎えてくれる。

山頂❸は年月を経たブナの大木が林立し、日本海から吹き上げてくる風が心地よい。低山ではあるが、日本海、直江津港を眺めながら「登った」の充実感が持てる山である。小学生低学年からご年配の皆さんまで半日で楽しめるコースなので、気持ちの良い山歩きを満喫していただきたい。

シラネアオイ

権現岳と鉾ヶ岳が大きく迫る

枡形山

1：25,000 槇　（平成 27 年 11 月 1 日発行）

500m　0　500　1,000　1,500

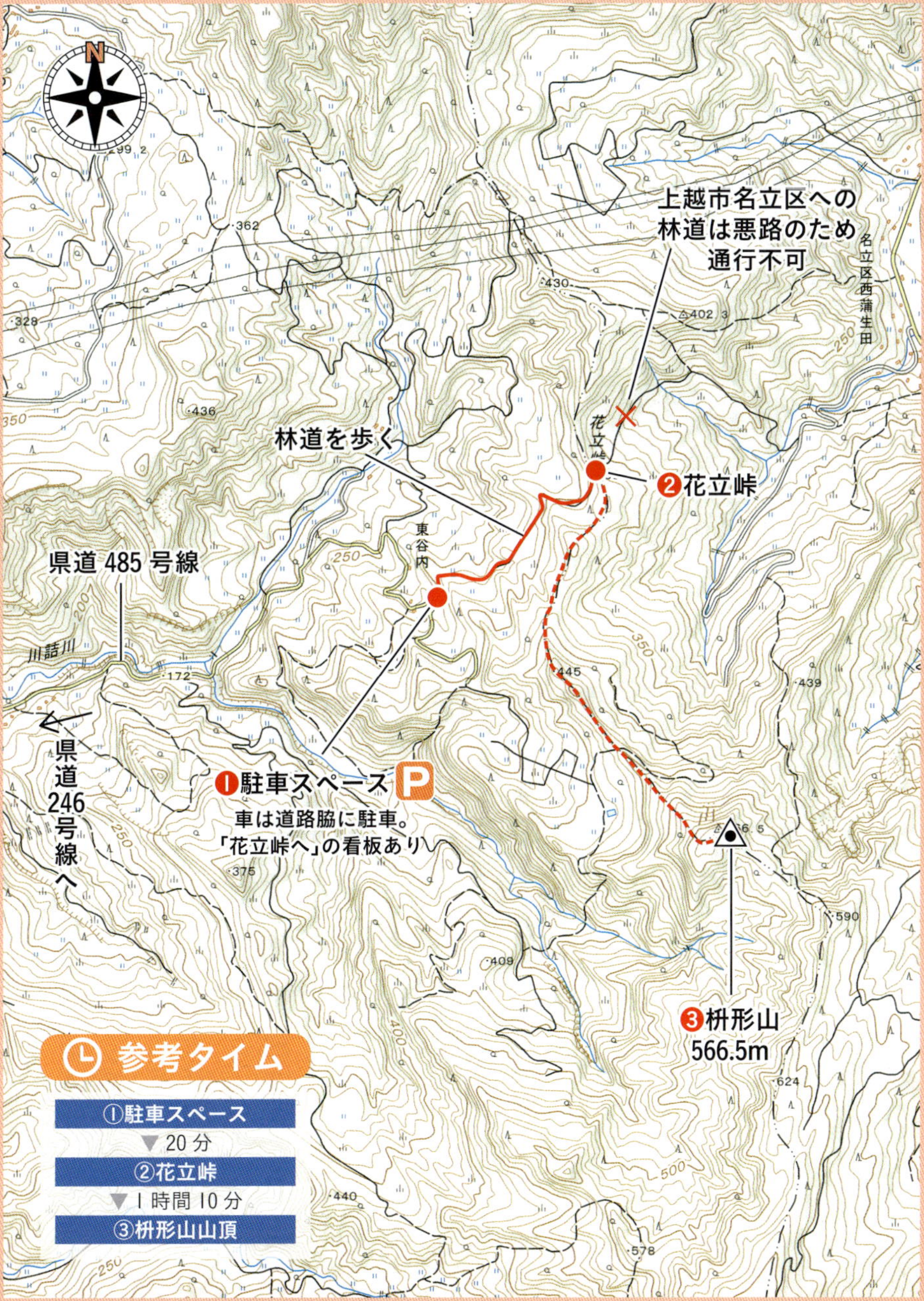

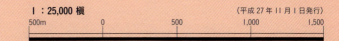

おわりに

いい本ができました。

県内バリバリの岳人が、一向に進まぬ筆と格闘しながらも、心を込めて書き上げました。

初めて聞く山もあります。知人が行ってきて「良かったよ」と言っていた山もあります。半日あれば十分楽しめそうな山、そんな県内の低山がギュッと詰め込まれていてここに載っている。すべての山に登ってみたくなる本です。

春は足元一面に咲く山野草に歓声を上げ、夏は稜線をわたる風を全身で感じ、秋には自然の恵みに感謝するとともに、季節の移ろいの早さに驚き、冬はわかんを履いてブナ林を探訪する。里山、低山はそんな一年中楽しめるところなのです。

しかし、いくら低山とはいえ、山の危険がないわけではありません。遭難原因のトップに挙げられる「道迷い」は特に里山、低山で多く起こります。そして、次のような展開になることがあるのです。「どうもおかしい。沢筋へ出てしまった。下山路で道を外してしまったようだ。しかし、低い山なのでどんどん下れば何とかなるだろう」。道に迷ったら分かる所まで戻るという基本を忘れてしまっている。最低限必要な雨具やヘッドランプさえ持っていない。携帯電話のバッテリー残量も少なくなってきた。それに黙って家を出てきたので、誰も自分の居場所を知らない。これらの悪い条件が重なりピンチに陥ります。

新潟県警察の統計によれば、平成29（2017）年の県内の遭難は108件、遭難者154名、うち死亡16名、行方不明6名、負傷者63名でした。遭難を未然に防ぐためには、日頃のトレーニングと登山計画書の作成が一番です。計画書を作ることにより、その山を理解でき、無理がないか、装備の不足がないか自分でチェックできるのです。そのコピーを家に1枚、登山口に1枚投函しましょう。

準備ができたら、さあ山へ出かけましょう。越後と佐渡のしっとりとした里山を、この本を携えて楽しんでいただきたいと思います。

最後になりましたが、佐渡地区担当の磯部浩伸氏、下越地区担当の佐久間雅義氏、中越地区担当の浅野亘寛氏、上越地区担当の七澤恭四郎氏に大変お世話になりました。感謝申し上げます。

新潟県山岳協会理事長　楡井利幸

この地図は、国土地理院長の承認を得て、同院発行の５万分１地形図及び２万５千分１地形図を複製したものである。(承認番号　平29北複、第47号)

ゆっくり登《のぼ》って３時間《じかん》 新潟《にいがた》の山歩《やまある》き50選《せん》

2018(平成30)年４月30日　初版第１刷発行

監　　修／新潟県山岳協会
発 行 者／渡辺英美子
発 行 所／新潟日報事業社
〒950-8546
新潟市中央区万代３丁目１番１号　メディアシップ14階
TEL 025-383-8020　FAX 025-383-8028
http://www.nnj-net.co.jp
印刷・製本／株式会社 第一印刷所
デ ザ イ ン／株式会社 ワーク・ワンダース

定価はカバーに表示してあります。
落丁・乱丁本は送料小社負担にてお取り替えいたします。
ISBN978-4-86132-682-0